문제중심학습의 이론과 실제 ^{2판}

조연순 · 이명자 공저

문제개발부터 수업적용까지

Theory & Practice of PBL
From Problem Development to Classroom Application

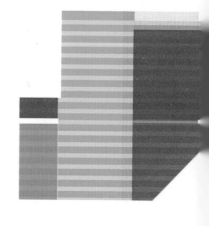

학지사

2판 머리말

"인공지능 시대에 인간만이 할 수 있는 일은 무엇인가?" "미래사회를 위해 우리는 어떤 대비를 해야 하는가?" 이러한 질문에 대한 해결책을 마련해야 하는 것이 문제중심학습의 과제이다.

"수많은 지식과 정보, 기술, 문제해결 방안들을 인공지능에 입력하여 문제해결을 하는 상황에서 우리 인간은 무엇을 할 것인가?"

이제 우리 인류에게 더 이상 예측 가능하지도 않고, 해결책도 알 수 없는 문제들이 점점 많이 발생하고 있다. 문제중심학습은 이에 대비하여 문제를 새롭게 발견하고, 파악하며, 새로운 방법으로 해결해 나갈 수 있도록 하는 교육적 접근이다.

다행히 우리나라 2015 개정 교육과정은 핵심개념 중심으로 구성되어 있어서 문제중심학습으로 교육과정을 재구성하기에 훨씬 더 용이해졌다. 『문제중심학습의 이론과 실제』(2판)은 전체적인 틀이 1판과 같으나 1판 발행 이후에 이루어진 여러 연구를 보완하였다. 특히 개정된 교육과정을 반영하여 수업을 새롭게 개발하고 실행하였으며, 다음과 같은 내용들을 추가 및 교체하였다.

제1부

제2장: 문제중심학습의 교육적 가치를 '창의적 문제해결력 신장'에 두고, '비판적 사고'와 '창의적 사고'에 관한 설명을 추가함

제3장: 문제중심학습 과정에서 활용될 수 있는 '여러 가지 교수모형'을 소개함

제2부

　제4장: 문제는 어느 정도 '비구조화'되어야 하는가에 대한 논의를 추가함

　제5장: 문제중심학습의 '다양한 교수 · 학습 모형들'에 대한 연구내용을 추가함. '교수 · 학습
　　　　의 계획'도 추가함

제3부: '개정 교육과정(2009, 2015) 내용'을 중심으로 새로운 문제를 개발하여 실행한 수업 사
　　　례들로 교체함

　　새로운 문제중심학습 단원들을 개발하면서 교과내용에 대해 여러 전문가에게 자문을 의뢰하였다. '지진'에 관해서는 이화여자대학교 과학교육과의 김규한 교수님께서, '우주'에 관해서는 안덕근 교수님께서 내용을 검토해 주셨으며, 한양대학교의 나정열 교수님께서는 문제상황들의 실제성에 관한 자문과 토의를 해 주셨다. 이분들의 흔쾌한 자문에 감사드린다. 또한 '우주 개발' 수업을 담당하였던 이화여자대학교 사범대학 부속초등학교의 이원경 선생님과 박사학위 연구에서 실행하였던 '에너지 박람회' 수업을 다시 정리해 준 한국창의교육연구원의 백은주 박사님께도 감사한다.

　　특별히 처음부터 끝까지 책 출판의 전 과정에 동참해 준 나의 연구 조교였던 조영은 양에게 감사한다. 이들과의 만남과 토론이 있었기에 문제중심학습의 실체에 더 가까이 다가갈 수 있었다. 그렇지만 누구보다도 개정판 출간이 가능하도록 용기와 지혜를 주신 하나님께 깊은 감사를 드리고, 개정판 출간을 기꺼이 맡아 주신 학지사 김진환 사장님과 편집을 맡아 수고해 주신 여러 분께 감사를 드린다.

2017년 9월

대나무 숲을 바라보며,

저자를 대표하여 조연순

1판 머리말

학교교육과 함께 여러 교과가 생겨나고, 교과서에 지식을 담아 가르치게 되면서, 교육은 마치 상급학교 진학을 위해 받아야 되는 것으로 인식되어 왔다. 이러한 문제점을 인식했던 John Dewey는 교과지식을 생활경험 속에서 배우도록 해야 한다고 이미 수십 년 전에 역설하였다. 그러나 그의 주장은 교육의 철학적 기반은 마련해 주었지만 오늘날까지 학교현장에는 잘 반영되지 못하고 있다. Dewey의 교육이론을 반영하여 개발된 교수방법으로서 '탐구학습'과 '프로젝트학습' 등이 있지만, 실생활과 교과지식을 충분히 연결시켜 주지는 못했다.

최근 우리나라에서 대학 졸업자가 취업하기 어려운 첫 번째 이유는 경제 불황이고, 두 번째 이유는 대학 졸업자들이 기업에서 필요로 하는 업무를 제대로 수행하지 못하기 때문이다. 그렇다면 왜 이러한 현상이 일어날까? 가장 큰 문제는 학생들이 학교에서 배우는 지식에 대하여 동기유발이 되지 않은 상태에서 대부분 타의에 의해 공부에 매달린다는 것이다. 교육의 결과가 이렇게 되는 것에 있어서는 학부모의 책임도 크지만, 학생들에게 학습 자체에 흥미를 갖게 해 주지 못하는 학교교육의 책임이 더 크다고 볼 수 있다.

이러한 문제점 인식에서 생긴 교육적 접근이 바로 문제중심학습(Problem-Based Learning: PBL)이다. 이 방법은 캐나다의 한 의과대학에서 학습에 동기유발이 되지 못한 학생들의 문제를 해결하기 위해 시작되었다. 그렇지만 최근에는 타 전공의 대학교육은 물론 회사 신입사원 연수, 그리고 초·중등 학생들의 교육에도 효과적으로 적용되고 있는 등 세계 여러 나라에서 문제중심학습이 확산되고 있는 추세이다.

문제중심학습은 "수업 시작 시 학생들에게 실생활 문제를 제시해 줌으로써 흥미를 유발시킬 뿐만 아니라, 그 문제를 해결하기 위해 필요한 지식을 스스로 탐구하도록 이끌어 가는 교육적 접근"이다. 다시 말해서, 지식 습득의 목적을 위해 지식을 배우게 하는 전통적 학습법에서 탈피하여 실생활 문제를 해결하기 위해 지식을 배우게 하는 것이다. 문제중심학습의 문제는 성인이 되어 생활현장에서 부딪히는 문제들과 유사한 상황을 제시해 주므로 학교교육을 실생활과 연결 가능하게 한다. 따라서 문제중심학습은 학교교육의 역할을 올바르게 이끌어 갈 수 있는 혁신적인 교육 모형이라고 할 수 있다.

그렇지만 문제중심학습을 학교현장에서 교사들이 적용하는 데는 상당한 수준의 노력과 연구가 필요하다. 우선, 교육과정에서 필요한 핵심적 지식을 파악하고 이와 관련된 학생들의 흥미와 수준을 파악해서 그 지식이 적용될 수 있는 적절한 문제를 개발해야 한다. 그러기 위해서 교사는 교과에서 다루는 지식이 실생활의 어떤 상황들에 반영되고 있는지에 대해 늘 관심을 갖고 있어야 한다. 그리고 교사가 사전에 많은 준비를 하면서도 학생들에게는 스스로 문제해결을 해 간다는 주인의식을 갖게 하고, 교육과정에서 의도했던 목표들에 도달할 수 있도록 안내해 주어야 한다. 아울러, 문제를 해결해 가는 긴 기간 동안 학생들의 흥미와 관심을 지속시켜 주는 수업기술이 필요하다. 또한 행정가들의 이해와 협조 그리고 지역사회의 지원도 필요하다.

바로 이러한 문제들을 해결하기 위해서는 우선적으로 문제중심학습에 관한 이론적인 지식과 함께 문제개발 방법, 수업 진행방법에 관해 알아야 한다. 이에 현장 교사들, 예비교사들 그리고 가정에서 자녀교육 방법에 적용하기를 원하는 학부모들을 위해 이 책을 쓰게 되었다. 또한 이 책에서 설명하고 있는 문제중심학습은 회사의 사원 연수와 교육에도 적용할 수 있다.

이 책은 이론적 토대부터 시작하여 평가까지 수년간에 걸쳐 이루어진 문제중심학습에 관한 연구 결과들에 기반을 두고 있다. 책의 구성을 살펴보면, 제1부에서는 문제중심학습의 개념 및 특성에서 시작하여 문제중심학습이 추구하는 교육적 가치와 목적이 무엇인가를 탐색하는 이론적 기반을 다루었다. 제2부에서는 문제중심학습의 과정을 문제개발과 교수·학습의 두 부분으로 분리하여 구체적인 방법과 절차를 소개하였다. 그리고 제3부에서는 학교현장에서 실제 수업에 적용하였던 사례를 자세히 소개함으로써 교사들에게 좀 더 현실적인 감각을 가질 수 있도록 하였다. 비록 이 책에서 소개한 사례가 모두 초등학교에서 실시한 것들이지만 중·고등학교나 대학에서도 적용이 가능하다. 수업설계나 진행과정에는 큰 차이가 없고, 다만 학습자의 수준이 높아서 교사의 구체적인 개입이 줄어들 뿐이다.

　많은 교사와 예비교사들 또는 학부모들에게 문제중심학습을 바르게 알리고, 우리나라에 성공적으로 정착시키는 데 도움이 되기를 바라며, 나아가 문제중심학습을 통해 이 나라 교육의 방향이 획기적으로 전환될 수 있기를 기대해 본다.

　이 책을 출판하기까지 도와주신 하나님께 감사드리고, 문제중심학습 개발 연구와 교수·학습 과정 연구에 동참하였던 이화여자대학교의 석·박사과정의 학생들과 수업에 동참하였던 이화여자대학교 사범대학 부속초등학교 선생님들에게 감사하며, 이 책을 출판하게 도움을 주신 학지사의 김진환 사장님께도 감사드린다.

2006년 2월
이화 교정에서
저자 조연순

제2부 문제중심학습의 설계

제3부 문제중심학습의 실행

제6장 사회과 수업사례 … 139

마을 공동체 만들기 – 지역사회의 발전(4학년)

제7장 과학과 수업사례 … 167

에너지 박람회 – 에너지와 생활(5학년)

21세기 우주 개발 – 태양계와 별(5~6학년)

제1부

문제중심학습의 이해

문제중심학습을 실행하기 위해서는 우선 문제중심학습에 대한 '심층적인 이해'가 필요하다. 제1부에서는 문제중심학습이 무엇이며, 왜 필요하고, 문제중심학습에서 다른 교수전략들도 활용할 수 있는지와 같은 문제중심학습의 **이론적 기반**을 다룬다.

제1장 문제중심학습이란 무엇인가
제2장 문제중심학습은 왜 필요한가
제3장 문제중심학습에서 다른 교수전략들을 활용할 수 있는가

문제중심학습이란 무엇인가

이 장에서는 문제중심학습의 핵심적인 개념을 역사적 맥락과 함께 소개하고, 문제중심학습의 특성 및 전체적인 과정을 살펴보고자 한다. 그리고 교사의 역할은 전통적인 방법에서와 어떻게 달라지는지 탐색하고자 한다.

기후 변화와 자원 고갈 등의 여러 문제 때문에 지구에서의 생활이 점점 어려워지고 있습니다. 우리는 모험심과 개척정신을 가지고 전 세계를 향해 삶의 터전을 넓혀 왔으나, 이제는 지구뿐 아니라 우주를 향해 그 범위를 확대시켜 나아가야 합니다. 그래서 세계 여러 나라에서는 많은 과학자가 우주 개발을 위해 노력하고 있습니다. 언젠가 우주여행이 지금보다 훨씬 자유로워진다면, 인간이 생활할 수 있는 공간을 지구가 아닌 우주의 다른 곳에서 마련하고자 하는 노력은 더욱 커질 것입니다.

만약 우리가 우주의 또 다른 곳으로 이주하여 생활을 해야 한다면, 어떤 곳으로 가는 것이 좋을까요? 그곳에서 우리가 생활할 수 있도록 하기 위해서는 어떤 것들이 필요할까요? 우주 개발 센터의 연구원이 되어서 우주 개발 계획을 세워 봅시다.

이것은 초등학교 학생들의 우주에 관한 학습을 위해 교사가 개발한 문제중심학습 문제의 예이다. 이 수업에서 교사의 역할은 전통적인 학습에서의 교사 역할과 다르다. 먼저, 교사는 문제상황을 제시한 후, '우리가 해결해야 할 문제가 무엇인가?' '우리에게 주어진 역할은 무엇인가?'와 같은 질문으로 문제가 무엇인지를 학생들이 확인하도록 한다. 다음으로 '문제를 해결하기 위해 우리가 알고 있는 것은 무엇이고, 더 알아야 할 것은 무엇일까?' '그러한 것들을 어떻게 알아낼 수 있을까?' 등의 질문으로 '문제해결 계획'을 세우도록 한다. 다음에는 학생들이 문제해결을 위해 필요한 내용들을 스스로 탐색하고 소그룹으로 해결책을 고안하여 발표한다.

학생들은 우주개발 센터의 연구원이 되어 문제를 해결하기 위해서 '우주의 구성'뿐만 아니라 '태양계의 구성' '태양계를 구성하고 있는 행성들의 크기와 특징' '태양으로부터의 거리' 등에 대해 탐색을 하고, 그 지식을 바탕으로 하나의 행성을 모둠별로 선택한다. 그런 다음, 각 모둠에서 선택한 행성에서 생활하기 위해 필요한 물·공기·식량·전기 공급, 온도조절, 교통수단, 쓰레기 처리 등은 어떻게 해결할지에 대한 개발 계획을 세운다.

이렇게 학습자의 관심을 끌 수 있는 문제로 수업을 시작함으로써 학생들은 문제해결의 주인공이 되어 스스로 문제를 해결하면서 '태양계의 구조'와 '각 행성의 특징'에 대해 좀 더 흥미 있고 진지하게 학습하게 되고, 우주생활을 위한 계획수립을 함으로써 주어진 문제를 해결하게 된다. 이러한 과정을 통해 학생들은 교육과정에서 제시되었던 지식 외에도 더 많은 내용을 자기주도적으로 학습하게 되고, 문제를 발견하고 창의적으로 해결하는 능력, 정보처리 능력, 의사소통 능력과 협동 능력 또한 향상된다. 무엇보다 학교 수업에 별로 관심을 보이지 않았던 학생들도 수업에 대한 흥미와 관심을 보이게 된다.

문제중심학습의 실행을 위해서는 핵심내용을 중심으로 하위 개념들을 모두 포괄할 수 있는 실제적인 문제의 개발과, 하나의 문제로부터 시작하여 탐색활동을 거쳐 문제해결책을 제시하기까지 일련의 교수 · 학습 과정을 계획하고 실행해 가는 교사의 꾸준한 노력이 필요하다. 그러나 무엇보다도 문제중심학습 과정을 통해 우리 교육의 새로운 패러다임을 가져올 수 있다는 교사의 신념과 이를 위해 교육과정 전문가로서 교육과정 재구성에 관여한다는 자긍심이 필요하다.

1. 문제중심학습의 개념과 특성

1) 문제중심학습의 역사적 배경과 개념

문제중심학습이 최초로 등장한 시기는 1968년으로 캐나다의 McMaster 대학교 의과대학에서 시작되었다. 이곳 교육위원회에서는 학생들이 수동적으로 학습한다는 점과 의학 실습과는 관련성이 매우 떨어지는 많은 양의 정보에 노출되어 있다는 점, 그리고 학생들이 환자들과 접하면서 실제 문제해결을 하게 되는 임상훈련 전까지는 의학교육에 대하여 흥미를 보이지 않는 전통적 의학교육의 문제점에 주목하였다. 이를 해결하기 위하여 교육위원회에서는 의과대학 1학년 시기부터 조교나 학습안내자가 지원하는 소집단으로 학생들을 편성하여 일련의 생의학적 문제로부터 학습하게 하는 새로운 교육방법으로 문제중심학습을 설계하게 되었고, 1970년대에

McMaster 대학교 의과대학에서 처음으로 적용하였다(Barrows, 2000).

그 후 많은 의과대학에서 문제중심학습을 적용하여 2002년 미국 내 125개 의과대학에서 교육과정에 문제중심학습 요소를 포함하였으며, 대부분의 수의과대학에서도 문제중심학습을 사용하게 되었다. 또한 Samford 대학교의 문제중심학습센터에서 조사한 바에 의하면 74개 일반 대학에서도 PBL 과목을 개설하였고, 그중에서 16개 이상의 대학이 유치원에서부터 고등학교(K-12)까지의 체제를 위한 지원(outreach) 프로그램을 갖고 있었다. 이러한 증거는 의과대학에서 태동한 문제중심학습이 대학 수준뿐만 아니라 유치원과 초·중등학교에까지 퍼져 있고, 이러한 실천은 계속적으로 지속되며 증가할 것이라는 것을 보여 준다(Lambros, 2002).

이러한 경향은 우리나라에도 영향을 주어 문제중심학습을 적용하는 의과대학이 늘어나고 있으며, 2000년대에 들어서는 초·중등학생들을 대상으로 하는 문제중심학습 실험연구가 시작되었다. 이처럼 의과대학에서 시작된 문제중심학습은 다양한 학문 분야에서 사용되고, 성인교육뿐 아니라 일반 학교교육에서도 교육의 질 변화에 기여할 것이라는 기대를 갖게 하고 있으며, 교육과정, 교수전략, 수업모형, 교육방법 등 다양한 모습으로 적용되어 가고 있다.

문제중심학습은 다양하게 정의된다. Barrows와 Tamblyn(1980)은 문제중심학습을 "문제에 대한 이해나 해결책을 향한 활동과정에서 이루어지는 학습"으로 정의하였고, Schmidt(1993)는 "학생들이 조교(tutor)의 관리하에 소집단으로 문제를 다루는 교수·학습 접근"이라고 정의하였다. 이와 같이 문제중심학습을 교육과정으로 보는 입장과 교수방법으로 보는 입장으로 나뉠 수 있다.

문제중심학습을 '교수방법'으로 정의하는 입장인 Levin(2001)은 문제중심학습을 "학습자가 실세계의 문제와 이슈에 대해 내용 지식, 비판적 사고, 문제해결 기술을 적용하도록 장려하는 교수방법"이라고 정의하였다. Eggen과 Kauchak(2001)은 문제중심학습을 "문제해결 기술과 내용을 가르치고 자기주도적 학습을 하게 하기 위하여 설계된 교수전략"이라고 정의하였다. 또한 단순한 하나의 교수전략이 아니라 문제해결, 탐구, 프로젝트중심 교수(project-based teaching), 사례중심 수업(case-

based instruction) 등을 포함하는 광범위한 교수전략군이라고 진술하였다. Evensen
과 Hmelo(2000)는 문제중심학습을 "학습은 문제중심 환경에서 인지적·사회적 상
호작용의 산물이라는 가정에 기반을 둔 구성주의 교수법의 한 가지 예"라고 설명하
였다.

　한편, 문제중심학습을 '교육과정' 측면으로 보는 입장인 Fogarty(1997)는 문제중
심학습을 "비구조화되어 있고 뒤가 트이거나 모호한 실생활 문제로 설계된 교육과
정 모델"이라고 정의하였다. Finkle과 Torp(1995)는 '교육과정'과 더불어 '교육체제'
의 측면에서 문제중심학습을 설명하였는데, "문제해결 전략과 학문의 지적 기반 그
리고 실세계의 문제를 반영한 비구조화된 문제에 직면하여 학생이 능동적으로 문
제를 해결하도록 하는 기술을 개발하는 교육과정이자 교육체제"라고 하였다. Torp
와 Sage(2002)도 문제중심학습을 "복잡한 실세계 문제에 대한 연구와 해결에 초점
을 맞추는 경험학습"이라고 정의하면서, '교육과정 조직'과 '교수전략'이라는 두 가
지 상보적 과정이 결합되어 있다고 설명하였다.

　Barrows(1986)는 이와 같이 교사의 기술과 사용하는 교육방법의 설계에 따라 문
제중심학습은 다양한 의미를 가질 수 있으며, 많은 종과 변종이 있는 부류로 고려되
어야 한다고 지적하였다. 그러나 문제중심학습에서 가장 핵심적인 개념은 새로운
지식 획득을 위한 출발점으로서 '문제'를 사용한다는 것이다. 이렇게 '문제'가 학생
들이 다루고 학습하게 될 내용과 지식, 기술을 위한 견인차가 된다는 점에서 문제중
심학습은 교육과정적 측면과 교수전략적 또는 교수방법적 측면이 상보적으로 결합
되어 있는 포괄적인 개념으로 이해되어야 한다.

　이러한 여러 가지 입장을 종합해 볼 때, 문제중심학습이란 한마디로 '문제로 시작
하는 수업'이라고 할 수 있다. 그러나 여기서 문제란 '두 자리 수의 덧셈 방법은?' '고
려시대의 대외관계는?' '몸의 각 기관의 모습과 역할은?' 등과 같이 정답이 분명하거
나, 지식 간의 관련성이 적고 단편적이며 학습자의 맥락과 무관한 것이 아니다. 문
제중심학습에서는 현실 속에서 지식들이 학습자와 서로 복잡하게 얽혀 존재하는
비구조화된(ill-structured) 문제, 즉 우리 인간이 경험하는 실제 문제를 다룬다. 바

로 이러한 현실맥락적인 문제를 문제해결자가 되어 해결할 때 학습자 자신이 학습을 의미 있게 느끼며, 그 과정에서 탐색을 통해 스스로 지식을 구성해 가면서 비로소 학습의 효과를 기대할 수 있게 된다. 따라서 저자들은 문제중심학습을 "실세계의 비구조화된 문제로 시작하여 필요한 지식을 문제해결 과정을 통해 학습자가 자기주도적으로 학습할 수 있도록 이끌어 가는 교육적 접근"이라고 정의하고자 한다.

2) 문제중심학습의 특성

의과대학에서 문제중심학습을 연구하였던 Barrows(1996)는 문제중심학습의 특성으로 다음과 같은 것을 제시하였다.

- 학습이 학생 중심으로 이루어진다.
- 학습이 소집단 안에서 일어난다.
- 교사는 조언자 · 안내자 역할을 한다.
- 학습을 위한 자극과 핵심내용 중심으로 문제를 조직한다.
- 문제는 문제해결 능력을 개발하는 수단이다.
- 새로운 정보는 자기주도적 학습을 통해 얻는다.

한편, 초 · 중등학교에서의 문제중심학습을 연구하였던 Delisle(1997)은 문제중심학습의 특성을 다음과 같이 제시하였다.

- 가능한 한 실세계 상황에 가까운 문제를 다룬다.
- 학생들이 학습에 적극적으로 참여하도록 격려한다.
- 문제는 각 교과영역을 뛰어넘는 통합적 접근이 이루어지도록 한다.
- 학생들이 어떻게 학습하고 무엇을 학습할지 선택하게 한다. 학생들은 활동하면서 배우고, 교사가 옳다고 말하는 것을 통해서가 아니라 자신의 해결책을 검

중하고 발표 자료를 개발하는 과정을 통해 학습한다.
- 협동학습을 장려한다. 문제중심학습을 사용하는 학생들은 문제해결을 위해 각자 배우고 또 함께 활동하면서 팀워크 기술을 향상시킨다.
- 교육의 질을 높이도록 돕는다. 문제중심학습 전략을 사용하면서 교사들은 보다 높은 목표를 갖고 많은 수행을 해낸다. 이는 학생들에게 기계적인 기억을 요구하는 과제들보다 더 많은 사고와 노력을 요구한다.

유치원부터 초·중등학교 학습에까지 문제중심학습을 적용했던 Torp와 Sage (2002)는 문제중심학습의 특성을 다음과 같이 세 가지로 제시하였다.

- 문제상황에 학생들을 당사자(stakeholder)로 끌어들인다.
- 학생이 맥락적인 방식으로 학습할 수 있는 종합적 문제로 교육과정을 조직한다.
- 교사가 학생의 생각에 대해 조언하고, 학생 탐구를 안내하며, 깊은 수준의 이해를 촉진하는 학습환경을 조성한다.

문제중심학습의 교육적 의미를 찾고자 했던 김경희와 조연순(2008)은 실제 수업 관찰을 통해 학습자의 입장에 초점을 맞추어서 다음과 같이 문제중심학습의 특성을 지적하였다.

- 문제상황을 해결해야 할 실제 문제로 인식하도록 함으로써 학생들이 학습에 흥미를 가지고 자기주도적으로 수업에 몰입하게 한다.
- 문제해결 과정에서 학습자 스스로 필요한 지식과 정보를 문제해결을 위한 도구로 활용하도록 함으로써 학생들에게 지식 습득의 필요성을 깨닫게 한다.
- 문제해결책을 여러 가지 방법으로 시도하게 함으로써 학생들에게 문제해결 방법의 다양성을 인식하게 한다.
- 탐색한 지식에 대해 성찰하며 실제의 문제상황이나 미래의 문제상황에 적용해

보도록 함으로써 학생들에게 문제해결에 대해 자신감을 갖도록 한다.
- 교사는 학생들이 수업에서 주도성을 확보해 나갈 수 있도록 하며 적절하게 개입하고 안내함으로써 지식전달 위주의 교사 역할에서 벗어나 수업의 안내자·촉진자의 역할을 수행하게 된다.

이러한 연구들을 통해 문제중심학습의 공통된 특징을 '문제' '학생' '교사'의 측면에서 다음과 같이 정리할 수 있다.

- 문제중심학습은 '문제'로 시작한다. 이때 문제는 너무 쉽게 해결되거나 일정한 틀에 매여 하나의 정확한 답을 구할 수 있는 것이 아닌 다양한 해결책을 요구하는 실제적이며, 학생들의 삶과 연결된 것이어야 한다. 또한 문제상황에는 학습의 핵심내용과 맥락이 포함되어 있어야 한다.
- 문제중심학습은 '학생중심'이다. 학생은 문제해결자로 학습에 참여하여 좋은 해결책을 위해 필요한 많은 정보와 지식을 직접 다루면서 의미와 이해를 추구하고 학습에 대한 상당한 책임을 맡게 된다.
- 문제중심학습은 교사의 역할을 '지식 전달자'에서 '학습 진행자'로 전환한다. 교사는 교육과정 설계자로서 문제를 설계하고, 학습계획을 세우며, 학습자 집단을 조직하고, 평가를 준비한다. 또한 촉진자로서 학생들에게 적당한 긴장감과 일반적인 관점을 제공하기도 하며, 평가자로서 형성평가를 통해 피드백을 제공한다. 그리고 전문가로서 지식의 중요성을 밝혀 학생들이 균형을 유지할 수 있도록 하고, 명제적 지식과 과정적 지식 그리고 개인적 지식 간에 상호 연관성을 갖도록 지원한다.

3) 문제중심학습의 과정

앞서 살펴본 바와 같이 문제중심학습에서는 '문제'와 '문제해결'의 과정이 강조되고 있다. 따라서 문제중심학습의 과정은 교사의 입장에서 문제개발의 과정과 문제 해결을 안내하는 수업과정을 고려해야 한다. 문제중심학습의 이러한 전체적 과정을 살펴보기로 한다.

Torp와 Sage(2002)는 문제중심학습의 전체 과정을 크게 '문제설계'와 '문제실행'의 두 부분으로 나누어 [그림 1-1]과 같이 제시하고 있다. 첫 번째 부분은 관련된 문제를 선택하고 이 문제를 중심으로 학습내용과 교수ㆍ학습을 설계하기 때문에 '문제설계'라고 한다. 그다음 두 번째 부분은 학생들이 문제를 만나 탐구하고 해결하도록 교사의 지도전략(coaching strategy)을 통해 계획을 실행하기 때문에 '문제실행'이라고 한다. 여기서 제시하는 다섯 단계는 순차적인 과정이라기보다는 상호 보완적인 과정으로 이루어진다.

한편, 저자는 문제중심학습을 계획하는 데 문제개발이 차지하는 비중을 고려하여 문제중심학습을 설계하는 전체 과정을 [그림 1-2]와 같이 '문제개발'과 교수ㆍ학습 활동을 계획ㆍ실행ㆍ평가하는 '교수ㆍ학습'의 두 과정으로 나누고자 한다.

문제를 개발하여 교수ㆍ학습을 계획하는 과정에서 실행 가능성에 문제가 발생할 때는 문제를 수정할 수 있고, 교수ㆍ학습의 실행 과정 중에도 각 단계별 학생들의 반응에 따라서 계획안을 수정할 수 있다. 그뿐만 아니라 교수ㆍ학습 실행 이후에도 실행 과정 중의 문제점들을 고려하여 다음 학습을 위해 문제를 다시 수정해 놓는 것

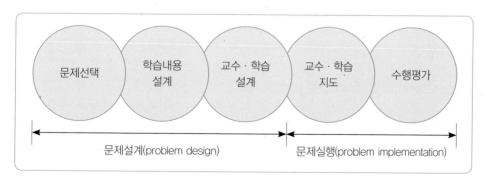

[그림 1-1] 문제중심학습의 흐름

출처: Torp & Sage (2002).

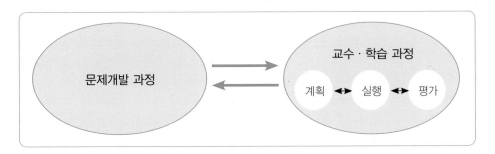

[그림 1-2] 문제중심학습의 전체 과정

출처: 조연순(2006).

이 바람직하다. 따라서 [그림 1-2]의 문제중심학습 과정은 상호 보완적이면서 순환적인 특징을 갖는다.

2. 문제중심학습에서 교사의 역할

문제중심학습에서 교사는 일반적인 교수·학습 접근에서와는 달리 교육과정을 재구성하므로 교육과정 개발자의 역할부터 시작하게 된다. 교수·학습을 설계하고 실행하는 과정에서는 학생들의 학습을 안내하며 촉진하는 역할을 하게 된다. 또한 개발한 문제에 대한 평가뿐만 아니라 수업 진행과정에 관한 자기평가와 학생평가를 하는 전문적인 평가자가 되어야 한다.

1) 교육과정 개발자로서의 교사

문제중심학습은 교육과정과 교수전략을 포괄하는 교육적 접근이므로 문제중심학습을 준비하는 교사는 자연스럽게 교육과정을 개발하게 된다. 전통적으로 교육과정과 교수전략은 학습내용과 수업방법의 의미로 받아들여져 왔다. 따라서 학습내용에 대한 체계는 주로 교육과정 전문가에 의해 구성되어 왔고, 이를 실제로 교실에서 가르치는 방법에 대해 고민하는 것은 교사의 몫으로 간주되어 교육과정 개발은 교사의 역할 밖의 일이라고 생각되어 왔다. 그러나 문제중심학습을 준비하게 되면 교육과정 개발에 대한 이러한 고정관념은 쉽게 허물어진다. 문제중심학습에서는 교사가 문제를 개발하기 때문이다.

문제개발에 관한 구체적인 내용은 '제2부'에서 다룰 것이므로 여기서는 교육과정 개발의 전반적인 측면에 대해 살펴보고자 한다. 문제개발을 위해 교사는 우선, 교육과정에 대한 안목을 폭넓게 가지고 국가 수준이나 학교 교육과정에서 요구하는 내용 지식, 과정 지식(기능), 태도 등을 충분히 숙지해야 한다. 또한 교육과정과 관련된 내용에 관하여 학생들은 어떠한 요구와 흥미를 갖고 있고, 그들의 경험과 감정 및 문화 등은 어떠한지도 살펴보아야 한다. 학생들에게 제시된 문제가 그들의 경험이나 흥미와 관련될 때 학생들은 보다 능동적으로 활동에 참여하게 되기 때문이다.

그렇다면 교육과정과 학생들의 요구를 동시에 충족시키기에 좋은 문제는 어떻게 만들 수 있을까? 우선, 현재 교육과정에 제시된 주제(내용)에 대한 학생들의 관심사를 알아보고, 그중에 관심도가 높은 것으로 잠정적 문제를 선정한 다음, 그 잠정적 문제를 중심으로 관련된 개념들 사이의 체계와 관련성을 시각적으로 드러내는 '문제지도 그리기'를 한다. 문제개발을 위해 작성하는 문제지도는 교수·학습 과정에서 문제해결을 위한 학생들의 탐색 방향을 미리 예측하고 안내하는 데도 큰 역할을 한다. 문제지도에는 교육과정에서 다루는 영역이 포함되지만 그렇지 않은 영역이 생길 수도 있다. 이러한 과정에서 새로운 내용체계가 만들어지고 문제중심학습을 위한 학습목표가 새롭게 설정된다. 새로운 학습목표나 내용체계의 설정은 학생들의 문제해결에 필요한 것으로서 교사의 가치판단에 따라 결정된다. 이렇게 함으로써 문제중심학습에서는 현재 국가나 학교 교육과정에서 제시하는 것을 넘어 문제중심학습이 추구하는 다양한 교육목표를 설정하게 되고 교육내용을 다루게 된다.

문제중심학습을 위한 이러한 문제개발은 학기가 시작되기 전에 이루어져야 한다. 이때 교사는 한 학기 전체의 교과 내용을 문제중심학습으로 구성할 것인지, 부분적인 내용만으로 구성할 것인지, 한 교과에 적용할 것인지, 통합교과적인 내용으로 구성할 것인지를 결정해야 한다. 이를 위해서 교사는 기존의 교육과정을 재검토하는 과정이 필요하다. 문제중심학습에서 적절한 문제의 개발은 교사의 전문성을 대변할 만큼 핵심적이라고 볼 수 있다.

2) 학습의 안내자 · 촉진자로서의 교사

문제중심학습을 하는 과정에서 교사는 학생들이 무엇을 어떻게 학습할 것인지에 대한 교수 · 학습 절차와 방법을 안내하고 촉진시켜 학생들 스스로 문제를 해결하고 있다는 성취감을 느낄 수 있도록 이끌어 주어야 한다. 안내자 · 촉진자(facilitator)의 역할이 기존의 개념과 크게 다른 것은 아니지만 문제중심학습을 하기 위해서는 이러한 역할이 더욱 중요하다.

안내자 · 촉진자의 역할은 코치(coach)라는 용어로 자주 설명된다. 코치라고 하면 대부분의 사람은 팀에서 선수들을 훈련시키는 엄격한 이미지의 스포츠팀 코치를 연상하게 되는데, 사실 코치의 어원은 마차(coach)라는 말에서 유래하였다. 마차의 의미를 되새겨 보면 코치의 역할을 짐작할 수 있다. 즉, 코치란 마차에 타고 있는 사람들이 가고자 하는 목적지까지 갈 수 있도록 마부 역할을 한다는 의미다. 교사중심의 교수 · 학습에서 수동적이었던 학습자들이 능동적으로 사고하며 비구조화된 현실적 문제에 대한 높은 열정과 학습에 대한 책임감을 가지고 문제해결에 이르도록 하는 것이 코치로서 교사의 역할이다.

그럼 이제부터 문제중심학습 과정에서 교사가 무엇을 어떻게 안내하고 촉진시킬 수 있는지 구체적으로 살펴보자.

(1) 발문을 통한 학습안내

문제중심학습의 초기단계에서 교사는 학습의 안내와 촉진을 위해 적절한 발문을 하게 된다. 문제중심학습 환경에서 학생들이 문제에 직면한 후 해결해야 할 문제가 무엇인지 발견하고 문제해결 계획을 세우도록 하는 것은 교사 발문의 힘이다. 물론,

발문은 일반적인 교수·학습에서도 학생들의 창의적인 사고와 추론을 할 수 있도록 한다는 점에서 중요하다. 하지만 문제중심학습에서는, 특히 전체 학습과정의 첫 단추를 끼우는 시점인 '문제발견'과 '문제해결 계획 세우기' 단계에서는 학생들의 사고의 폭을 넓히고 도전의 기회를 주어 이후의 수업과정으로 연결하는 결정적인 역할을 하게 된다.

문제중심학습으로 수업을 성공적으로 하고 있는 여러 교실을 관찰한 백은주(2008)의 연구를 보면 교사는 다양한 발문을 함으로써 수업의 안내자 역할을 하였는데, 단계별 교사의 구체적인 역할 변화를 보면 〈표 1-1〉과 같다.

〈표 1-1〉 **문제중심학습에서 단계별 교사의 역할 변화**

단계		교사의 역할
문제 만나기	동기유발	• 흥미를 유발하는 자료 제시와 발문
	문제제시	• 효과적인 방법으로 문제 제시
	문제파악	• 이해를 촉진하는 발문
문제해결 계획 세우기		• 문제해결 계획표 제시 • 사고를 촉진하는 교수법과 발문
탐색 및 재탐색하기		• 다양한 교수형태와 교수전략 활용 • 사고를 촉진하는 발문
해결책 고안하기		• 해결책 고안을 안내하기 위한 발문
발표 및 평가하기		• 평가에 필요한 자료 제시와 발문

출처: 백은주(2008), p. 42.

Lambros(2002)는 학습의 안내자·촉진자로서 다음과 같은 질문이 필요하다고 하였다.

• 문제를 해결하기 위해 현재 무엇을 알아보는 것이 도움이 되나요?
• 그것이 문제와 어떤 관계가 있나요?
• 여러분 모두 그 말에 동의하나요?

- 그것을 학습하면 문제를 해결할 수 있나요?
- 그것을 어떻게 학습할 수 있나요?
- 그런 종류의 정보를 어디에서 찾을 수 있나요?

앞의 질문들은 학습자의 지적 수준과 학습문제 유형에 따라 적절한 형태로 이루어져야 한다.

일반적으로 '문제발견'의 과정에서 학생 스스로 문제를 인식하고 정의하는 데에는 다음과 같은 질문들이 도움을 줄 수 있다.

- 각자 문제를 읽고 중요한 부분에 밑줄을 그어 보세요.
  - 뜻을 모르는 낱말이나 문장이 있나요?
- 해결할 문제가 무엇인가요?
  - 문제를 내가 이해한 대로 다른 사람에게 다시 말해 보세요.
- 이 문제에서 여러분의 역할은 무엇인가요?

또한 '문제해결 계획 세우기' 과정에서는 다음과 같은 발문을 사용할 수 있다.

- 문제와 관련하여 우리가 알고 있는 것은 무엇인가요?
- 문제를 해결하기 위해 더 알아야 할 것은 무엇인가요?
- 더 알아야 할 내용을 각각 어떤 방법으로 알아볼 수 있나요?
- 무엇부터 먼저 알아야 할지 순서를 정해 보세요.

적절한 발문은 수동적인 학습자가 능동적이고 자기주도적인 학습자가 되도록 학습동기를 높이고, 학습자 상호 간 그리고 교사와 학습자 간의 의사소통 과정을 원활하게 하며, 창의적 사고력과 비판적 사고력을 촉진시킬 수 있다.

(2) 모니터링을 통한 초인지적 코치

　교사는 문제중심학습의 전 과정에서 학생들의 학습을 모니터링(monitoring)해야 한다. 교사는 학생들의 진행 정도를 전체 과정과 연계하여 확인하고 이를 학생들에게도 확인시켜 주어야 한다. 이러한 학생의 학습에 대한 모니터링은 교사와 학생들을 모두 반성적 사고자로 만들어 목표에 비추어 현재의 학습과정을 평가할 수 있도록 한다. 이러한 과정을 특별히 '인지적 모니터링(cognitive monitoring)'이라고 하며, 이때 교사는 초인지적 코치(metacognitive coach)가 되는 것이다.

　긴 탐색과정을 통해 계속적인 그룹활동이 이루어지는데, 이때 각 활동에서 학생 참여가 잘 이루어지고 있는지를 확인해야 한다. 또한 학생들이 무엇을 알고 있으며 무엇을 더 찾아야 하는지 파악하여 이끌어 주어야 하며, 학생들이 조사 가능한 자원이 무엇인지 미리 확인해야 한다. 주어진 과제해결에 도움이 될 학습자료들을 미리 수집해야 하고, 인터넷이나 도서관에서 제공하는 참고자료 목록이 필요하기도 하다.

　또한 교사는 문제중심학습의 전 과정에 걸쳐 협력적인 학급 문화로 이끌어 가야 한다. 그룹의 목표를 확인하고 그룹 구성원의 책무성을 지속시켜, 그룹활동이 역동적으로 일어나게 도와야 한다(Ertmer & Glazewski, 2015). 문제중심학습의 탐색과정에서 자주 쓰이는 방법은 협동학습인데, 협동학습에서는 그룹 구성을 잘해야 한다. 학습자의 배경이 다양한 것이 유리한 문제일 경우에는 학생들의 배경과 수준을 다양하게 섞어서 그룹을 구성하고, 단일 수준과 배경의 그룹 구성이 필요한 경우에는 수준별·배경별로 그룹을 구성하는 것이 좋다(남승인, 류성림, 2002). 그룹이 구성되고 나면 그룹 내에서 그룹 리더를 비롯한 각자의 역할을 설정하는 것이 필요하다. 그룹의 구성원이 한 가지 이상의 역할을 맡아서 책임의식을 갖도록 해야 한다.

　해결책에 대해 팀을 이루어 결과물을 발표할 때에도 그 팀에서 기대하는 바를 미리 검토하여 학생들이 기대치에 도달할 수 있도록 도와주어야 하며 자기평가를 할 수 있도록 해야 한다.

(3) 지식발견을 위한 촉진자

탐색단계에서 교사는 지식의 발견을 촉진시킬 수 있는 역할을 수행해야 한다. 문제중심학습에서 탐색은 단순히 학습자가 정보를 찾아서 일방적으로 수용하도록 하는 것처럼 오해받기도 한다. 그러나 정보를 찾는 것만으로는 교육과정에서 요구하는 '지식'을 얻을 수 없다. 탐색과정에서는 학생들이 접하는 정보를 넘어 교육과정에서 의도하고 있는 지식을 배울 수 있도록 이끌어 주어야 한다.

이때 교사는 학생들이 현재의 발달 단계를 넘어서 더 높은 수준의 인지적 활동을 할 수 있도록 도와주는 스캐폴딩 전략을 사용할 수 있다. 스캐폴딩은 학습자의 근접 발달지대(Zone of Proximal Development)를 고려하여 학습자 스스로 과제를 해결할 수 있도록 제공되는 접근방법인데(송해덕, 신서경, 2010), 학습자 스스로 할 수 있는 능력 이상의 과제를 성취할 수 있도록 도와주고, 일정한 능력을 갖추게 되면 도움을 줄여 나감으로써 자율적인 학습능력을 신장시켜 주도록 하는 것에 목적을 둔다(유승희, 2006). Ertmer와 Glazewski(2015)는 문제중심학습에서 활용할 수 있는 스캐폴딩 전략으로 다음과 같은 다섯 가지 방안을 제시하였다.

- 학생들의 학습을 돕기 위해 학생들의 탐구를 이끌어 내기
- 학생들의 몰입을 유지하기
- 학생들의 오개념을 바로잡고 개념을 통합하도록 지원하기
- 교과(학습)에 기반을 둔 논쟁을 장려하기
- 반성적 사고 기르기

교사는 이러한 역할들에 대해 미리 인식하고 인내심을 가지고 실제 학생들이 스스로 문제를 해결해 나가도록 준비과정부터 도와주어야 한다.

다음은 Lambros(2002)가 학습의 촉진자로서 할 일과 피할 일에 대해 언급한 것 중의 일부이다.

▣ 학습의 촉진자로서 할 일

- 개방적이고 고무적인 질문을 한다.
- 학생들에게 말하기 전에 자신에게 짧게 설명해 본다.
- 학생들에게 스스로 수정할 수 있는 시간을 준다.
- 관찰자가 되기보다는 학생들과 함께 문제를 경험한다.
- 인내하고 학생의 실수를 허용한다. 실수를 할 때 강력한 학습이 일어난다.
- 학생들이 같은 실수를 피하는 방법을 찾도록 돕는다.

▣ 학습의 촉진자로서 피할 일

- 교사가 직접 학생들의 문제를 해결하려 한다.
- 학생들이 잘못된 방법으로 생각하거나 잘못 행하고 있다는 메시지를 준다.
- 학생들 스스로 발견하지 못할 것이라는 염려 때문에 너무 많은 정보를 준다.
- 학생들이 잘못하고 있다고 느끼는 순간 개입한다. 실수를 용납하지 않는다.

무엇보다도 중요한 것은 문제중심학습에서 교사의 역할은 '짜여진 학습내용과 방법대로 실수 없이 행해야 한다'는 의무감을 버리고 학생들 스스로 발견의 시간을 갖고 여유를 찾도록 하는 데 있다. 그것이 진정한 학습의 과정이기 때문이다.

3) 평가자로서의 교사

문제중심학습에서의 평가는 개발한 '문제에 대한 평가', 학생들의 '학습과정이나 결과에 대한 평가', 교사 자신의 '교수·학습 과정 실행에 대한 평가'로 전 과정에 걸쳐 이루어지는데, 구체적으로 살펴보면 다음과 같다.

첫째, '문제'를 평가할 수 있어야 한다. 문제를 개발하여 수업을 실시하면서 나타난 문제점에 기초하여 문제를 수정하고, 다음 학습자들을 위해 더 적절한 문제를 만들어야 한다. 문제는 교육과정 내용을 함축하면서도 학생들의 수준을 반영하여 호기심을 이끌어 내고 주인의식을 갖도록 해야 한다. 학생들의 호기심과 홍미는 학습에 유익한 동기가 되기 때문이다. 또한 문제중심학습을 통해 기대하는 창의적 문제해결력, 자기주도적 학습능력, 의사소통과 협동 능력 등 여러 측면에서 학생들의 발달을 촉진시켜야 한다. 너무 쉽거나 어려운 문제는 학생들의 성장에 도움을 주지 못하므로 좋은 문제라고 평가할 수 없다. 나아가 문제는 해결하는 과정에서 학생들의 수준에 적절하면서 충분한 사고를 유도할 수 있고 다양한 학습활동을 유도해 낼 수 있는 것이어야 한다. 이 밖에도 앞서 언급했듯이 문제중심학습을 위한 문제의 특성을 최대한 충족시킬수록 좋은 문제가 될 것이다.

문제개발을 한 다음, 〈표 1-2〉와 같은 체크리스트를 통해 문제의 타당성을 교사 스스로 평가해 볼 수 있다.

둘째, 학생들의 '학습과정과 결과'에 대한 평가가 필요하다. 교수 · 학습 과정에서 학생들의 활동과 결과물을 통해 학생들의 창의적 문제해결력과 교과지식의 습득, 자기주도적 학습능력, 협동 능력, 의사소통기술 등 다양한 목표에 대한 도달 정도를 확인해야 한다(제5장 '2. PBL 교수 · 학습 계획'에서 '평가 계획'에 대한 설명 참조). 그리고 수시로 평가 결과를 피드백해 줌으로써 학생들의 능력과 성취감 및 동기를 증진

〈표 1-2〉 **문제중심학습에서 문제를 평가하기 위한 체크리스트**

평가항목	평가기준	척도
교육과정과의 관련성	• 문제의 맥락이 교육과정 내용을 반영하는가?	1 2 3 4 5
	• 교육과정의 핵심적인 지식들을 포괄하는가?	1 2 3 4 5
학습자의 홍미와 협력	• 학습자의 일상생활과 홍미를 반영하는 문제인가?	1 2 3 4 5
	• 문제 속에 학습자의 역할이 제시되어 있는가?	1 2 3 4 5
	• 학습자 간 협동을 요구하는 문제인가?	1 2 3 4 5
실제성	• 과거에 일어났거나, 현재나 미래에 일어날 가능성이 있는 실제 상황을 반영하는 문제인가?	1 2 3 4 5
	• 문제상황이 학습자의 미래 직업과도 관련이 있는가?	1 2 3 4 5
비구조성/ 복잡성	• 비구조성과 복잡성 정도가 학습자의 경험과 수준에 적절한가?	1 2 3 4 5
	• 다양한 영역과 관점에서의 문제해결책을 요구하는 문제인가?	1 2 3 4 5

시켜야 한다.

셋째, '교수・학습 과정 실행'에 대한 평가가 요구된다. 학생들에게 적절한 도움이나 안내를 제공하였는지, 학생들의 학습에 대한 주도성을 키우기 위한 교사의 개입이 적절했는지 등을 스스로 모니터링해 보는 것이 효과적이다. 앞서 학생들의 성취도를 평가하는 것과 같이 교사 자신에 대한 평가에 보다 타당성과 신뢰성을 갖기 위해서는 교사 스스로를 평가하기 위한 〈표 1–3〉과 같은 평가기준(rubric)이 필요하다.

〈표 1–3〉 문제중심학습에서 교수・학습 과정에 대한 교사의 자기평가 체크리스트

학습단계	평가기준	척도
문제 제시	• 문제중심학습 방법에 대하여 간단히 소개하였는가?	1 2 3 4 5
	• 학생들의 호기심을 유발하도록 문제를 제시하였는가?	1 2 3 4 5
	• 문제가 무엇인지 확인하였는가?	1 2 3 4 5
문제 해결 계획	• 문제해결 계획표를 작성하는 데 있어서 학생들의 의견을 충분히 반영하였는가?	1 2 3 4 5
	• 문제해결을 위해 알아야 할 내용들이 무엇인지 충분히 이끌어 내었는가?	1 2 3 4 5
	• 알아야 할 내용들을 탐색하는 방법을 충분히 이끌어 내었는가?	1 2 3 4 5
	• 문제해결을 위한 탐색 순서를 정하였는가?	1 2 3 4 5
	• 문제해결을 위한 학습자들의 그룹을 적절히 구성하였는가?	1 2 3 4 5
탐색 및 재탐색	• 탐색과정에서 내용에 따라 적절한 교수법을 적용하였는가?	1 2 3 4 5
	• 교육과정의 주요 내용들에 대한 학습이 이루어지도록 했는가?	1 2 3 4 5
	• 반성적・비판적・창의적 사고를 할 수 있도록 발문하고 격려하였는가?	1 2 3 4 5
	• 학습자들의 역할분담과 시간 관리 등 탐색방법을 안내하였는가?	1 2 3 4 5
해결책 고안	• 탐색 및 재탐색 과정에서 알아낸 지식과 정보를 활용하도록 격려하였는가?	1 2 3 4 5
	• 학생들이 다양한 해결책을 고안하도록 촉진하였는가?	1 2 3 4 5
해결책 발표 및 평가	• 모든 과정에서 문제상황과 연결시켜 주면서 학생들의 참여를 모니터링하였는가?	1 2 3 4 5
	• 해결책에 대한 자기평가・상호평가・교사평가 등을 통해 학생들에게 적절한 피드백을 제공하였는가?	1 2 3 4 5
	• 전체 과정을 통하여 학생들이 주인의식을 갖고 참여하도록 격려하였는가?	1 2 3 4 5

출처: 조연순(2006)에서 수정・보완됨.

요약

문제중심학습은 하나의 교수·학습방법으로 출발하였으나, 문제중심학습을 활용하여 수업설계를 하려면 내용을 재조직하게 되므로 최근에는 이를 교육과정 또는 교육체제로 본다. 이러한 여러 관점을 포괄하여 이 책에서는 문제중심학습을 '실세계의 비구조화된 문제로 시작하여 필요한 지식을 문제해결 과정을 통해 학습자가 자기주도적으로 학습할 수 있도록 이끌어 가는 교육적 접근'으로 정의하였다.

문제중심학습의 특성은 다음과 같다.

- 문제중심학습은 문제로 시작되므로 문제가 학습과정을 이끌어 간다.
- 학생의 자발적 흥미와 참여를 통해 자기주도적 학습이 이루어진다.
- 교사는 교육과정 개발자와 수업의 촉진자 역할을 한다.

문제중심학습에서 **교사의 역할**은 다음과 같은 측면에서 중요하다.

- **교육과정 개발자로서의 역할**: 문제중심학습은 국가 교육과정을 넘어서 새로운 교육목표와 내용으로 구성하게 되므로 교육과정 전달자의 입장에서 교육과정 개발자로 전환된다.
- **학습의 안내자·촉진자로서의 역할**: 문제중심학습을 성공적으로 수행하기 위해서는 발문을 통한 학습안내자의 역할, 모니터링을 통한 초인지적 코치의 역할, 지식발견을 위한 촉진자의 역할을 담당해야 한다.
- **평가자로서의 역할**: 학생들의 학습과정과 결과에 대한 평가, 문제개발과 교수·학습의 계획과 실천과정에 대한 교사 자신에 대한 평가가 필요하다.

제2장

문제중심학습은 왜 필요한가

문제중심학습에서 추구하는 '지식'이란 어떤 것인가? 이 장에서는 지식에 대한 교육학적인 이론들을 살펴봄으로써 독자 나름대로의 지식에 관한 관점을 세울 수 있기를 바란다.

또한 실생활의 문제들을 새롭게 해결하도록 하는 '창의적 문제해결력'을 기르기 위해 구체적으로 어떤 능력들이 필요하며, 문제중심학습을 통해 그 교육적 효과들을 기대할 수 있을지 여러 문헌과 연구를 통해 탐색해 보고자 한다.

1. 문제중심학습의 지식관

문제중심학습의 과정에서 학습자가 개별적으로 또는 집단적으로 접하게 되는 다양한 정보 자체를 지식이라고 볼 수는 없다. 정보와 지식은 분명히 구별되는 것이다. 무엇인가를 전달할 때의 내용이 정보라면, 그러한 정보가 축적되고 조직된 형태가 지식이다. 정보는 자료(data)로서 어떤 의도와 요구에 따른 의미나 가치를 지닌 자료군인 반면, 지식은 인간이 환경 속에서 생존하거나 환경을 변화시키기 위한 종합적이고 체계적인 개념의 집합체이다(포스코 경영연구소, 1998).

이러한 체계적인 개념들을 학습자의 수준으로 재구성해 놓은 것이 바로 학교 교육과정이다. 그런데 이러한 지식들이 학습자와는 거리가 있는 외부의 어떤 존재로 인식되고 받아들여지고 있는 것이 우리 교육의 현실이다. 이러한 문제의식에서 출발한 문제중심학습에서는 학습자가 자기주도적으로 지식을 구성해 간다는 입장을 취하고 있다. 그러나 지식의 실체를 부인하지는 않는다. 다만, 지식을 고정된 형태로 제시하는 것이 아니라 학습자가 능동적으로 발견하며 활용하도록 함으로써 학습자 내부에서 재구성이 이루어지도록 하는 것이다. 이러한 지식관은 문제중심학습을 접근하는 연구자에 따라 조금씩 다르며, 주로 Dewey 이론이나 구성주의 이론과 관련지어 논의되고 있으므로 각각의 관점에 관해 살펴보기로 한다.

1) Dewey의 교과지식관과 문제중심학습

문제중심학습을 연구하는 학자들은 이론적 기반을 주로 Dewey에서 찾는다 (Barrows, 2000; Delisle, 1997; Eggen & Kauchak, 2001; Forgarty, 1997; Fuhrmann, 1996: Major, Savin-Baden, & Mackinnon, 2000에서 재인용; Torp & Sage, 2002). Dewey는 "지식은 그 자체가 목적이라기보다는 우리가 실현하고자 하는 목적을 위하여 활용되어야 하는 도구"라고 본다. 지식이 하나의 발판으로서 그것과는 다른 새로운 지식의 구성에 활용될 수 있다면, 지식으로서 가치를 지니게 된다는 것이다. 그러므로 지식은 그 성장을 지속시키는 힘으로서 유용성을 지녀야 한다. 또한 Dewey는 교과가 저절로 교육의 내재적 가치를 지니게 되는 것이 아니라는 점을 지적한다. 즉, 학문이나 예술과 같은 것이 교과가 될 수 있으려면, 반드시 학습자와의 연계 속에서 학습자의 성장에 기여하는 바가 있는가 하는 점이 먼저 검토되어야 한다는 것이다. Dewey는 당시에 학생들에게 제시된 교과의 많은 부분이 학생의 교과가 아닌 성인이나 전문가의 교과였기 때문에 실제로 학생들의 성장에 제대로 활용될 수 없었다고 비판하였다. 그는 성인이나 전문가의 교과와 학생의 현재 경험 사이에 존재하는 간극을 메울 수 있는 방법으로 교과의 진보적 조직(progressive organization of subject-matter)을 제시하였다.

교과의 진보적 조직은 교과 발달의 3단계로 정리되는데, 1단계는 무엇인가를 할 줄 아는 것으로서 지식이다. 2단계는 직접적인 활동의 수행능력과 관련을 맺으면서 이를 발전시키는 데 도움이 되는 정보들로 구성된다. 그리고 3단계는 합리적·논리적으로 조직된 것으로 성인이나 전문가의 지식체계에 해당하는 것이다. 이처럼 학습자가 흥미를 가질 수 있는 수준의 경험을 선정한 후 이를 교과로 제시하고, 좀 더 포괄적이고 조직된 형태가 되도록 발전시켜 점진적으로 성인이나 전문가의 교과가 담고 있는 경험에까지 도달하게 된다는 것이 Dewey의 교과관이다(엄태동, 2001: Dewey, 1902, 1938).

이러한 Dewey의 교육이론은 Chicago 대학교의 부속실험학교를 통해 시도되었으나 실제 학교교육에 큰 영향을 미치지는 못하였다. 대부분의 교육이론가들은 그 이유를 Dewey 이론 자체의 모호성 내지는 실천자들의 불충분한 이해 때문이라고 본다. 그러나 저자는 그 원인을 Dewey의 이론은 이상적이었으나 실천방법이 구체화되지 못했기 때문이라고 본다. 문제중심학습은 그 시작이 Dewey의 교육이론을 실천하기 위해 고안된 것은 아니었으나, 문제중심학습과 Dewey의 이론은 그 맥을 거의 같이한다고 볼 수 있다.

Dewey는 교과의 조직이 학습자의 현재 경험에서 출발하여 결국 성인의 지식으로 발전되는 순환적인 과정이어야 한다고 설명하였는데, 문제중심학습 속에는 바로 그러한 과정이 내포되어 있다. 문제중심학습에서 학습자에게 가깝고 친숙한 실제 문제를 제시하는 것이 바로 학습자의 현재 경험에서 출발하는 것이며, 문제해결을 위해 필요한 지식을 탐색하는 과정에서는 교과지식을 발견하게 되고, 문제해결책의 고안과정에서는 성인의 지식 형태를 경험하게 되기 때문이다.

2) 구성주의와 문제중심학습

문제중심학습을 최초로 정립하여 활용하였던 Barrows와 달리, Savery와 Duffy(1995)는 문제중심학습을 구성주의적 목표 및 방향과 거의 일치하는 것으로 해석하였고, 이후의 연구자들은 구성주의 학습이론이나 교수법의 대표적인 모형으로 문제중심학습을 소개하기도 하였다(강인애, 1998; ASCD, 1997; Evensen & Hmelo, 2000; Fogarty, 1997; Levin, 2001; Torp & Sage, 2002).

그러면 여기서 구성주의에 관한 다양한 입장을 비교함으로써 문제중심학습이 취해야 할 지식관은 어떤 것인지를 구축해 보자. 우선, 지식에 관한 논의부터 시작하고자 한다.

지식의 본질을 규명하려는 인간의 노력과 관심은 오랜 세월 계속되어 왔다. 지식이란 '정당화된 참인 신념'이라는 것이 전통적인 정의다. 앎과 관련하여, '자명한 이성의 진리' 속에서 궁극적 정당화를 찾았던 철학자도 있고, '기본적 관찰진술' 속에서 정당화를 찾았던 철학자도 있다. 진리를 '사실과 대응'이라고 정의한 철학자도 있고, '수용된 신념체계와의 정합성'이라고 정의한 철학자도 있다. '지식의 준거로서 진리'는 도달할 수 없는 것으로, 기껏해야 하나의 이상일 뿐이라고 말하면서 이를 거부한 철학자도 있다. 이와 달리 '정당화'의 개념을 공격하면서 차라리 '역사적·발달적 설명'이 최선의 목표라고 말한 철학자도 있고, 지식에 대한 주장이 지닌 뿌리를 되돌아보기보다는 그 유용성을 내다보아야 한다고 제안한 철학자도 있다. 이 두 경우에서 철학자들의 관심은 진술과 이론의 집합이라고 하는 '지식'에서 '인식

주체'와 '인식과정'으로 바뀐다(이지헌, 2001).

이러한 측면에서 관심을 갖는 이론이 구성주의다. 여기서 지식이란 규정할 수 있는 것이 아니며, 외부에서 주어지는 것이 아니라 인식 주체에 의해서 구성되는 것이라는 입장이다. 이러한 기본 전제하에 다양한 형태의 구성주의가 출현하게 된다. 이들 간의 차이를 밝히며 구성주의를 설명하는 기준은 학자마다 다소 차이가 있다. 과학교육에서 구성주의를 연구한 Matthews(1994)의 구분을 따르면 구성주의는 근본적으로 두 가지 전통, 즉 '심리학적 구성주의(psychological constructivism)'와 '사회학적 구성주의(sociological constructivism)'로 나뉜다.

첫 번째 전통인 '심리학적 구성주의'는 Piaget에서 유래한 것으로, '아동이 세상에서 활동을 통해 개인적 · 개별적으로 지적 구성을 하는 과정'으로 학습을 설명한다. Piaget는 "인간에게 정보가 주어지면 즉시 이해되어 활용될 수 있는 것이 아니라 그들 자신의 지식으로 구성해야 한다."고 하였다(Piaget & Inhelder, 1969, 1973). 그는 아동이 경험을 통하여 자신의 지식을 쌓아 가고 경험이나 신념, 가치, 사회문화적 역사, 기존 인식에 의해 인지구조의 한 단위인 '인지도식(schema)'을 창출한다고 설명하였다. 이러한 도식은 '동화'와 '조절'이라는 '적응' 과정을 통하여 변화하고 확장되며 보다 정교해진다는 것이다.

이러한 심리학적 구성주의 전통 안에서 고려해야 할 관점으로 Vygotsky(1962, 1978)와 그의 추종자들에 의한 '사회적 구성주의(social constructivism)'가 있다. 사회적 구성주의는 실재의 세계가 존재하지만 개인의 인지 발달 혹은 지식은 사회적 상호작용이 개인적으로 내면화되어 이루어진 결과물이라고 보는 입장이다. Vygotsky 이론의 핵심은 "학습자의 인식 발달에서 사회적 교류가 기초적인 역할을 한다."는 것이다. 그에 따르면 지식의 구성이나 학습은 사회적인 수준에서 개인 상호 간에 먼저 일어나고, 그다음에 개인적인 수준으로 개인 내부에서 일어난다는 것이다.

두 번째 전통은 '사회학적 구성주의'이다. 사회학적 구성주의는 Durkheim에게서 유래한 것으로서, Peter Berger와 같은 문화사회학자들과 최근의 Barry Barnes, David Bloor, Harry Collins, Bruno Latour와 같은 에든버러학파의 과학사회학자들에 의해 이어지고 있다. 이들은 Piaget 및 Vygotsky와는 대조적으로 개인적인 심리적 기제를 무시하고 개인 외적인 '사회적 상황'에 주목한다. 극단적인 형태의 사회학적 구성주의는 "과학은 예술적이거나 문학적인 구성과 비교할 때 인간의 인지 구성의 한 형태일 뿐 아무것도 아니며 진리라고 주장할 만한 특별한 것도 없다."는 입장이다(Matthews, 1994).

20세기 이후 심리학적 구성주의는 학문적 연구를 비롯하여 교육과정 개혁에 큰 이슈로 작용하였다. 유아교육을 비롯하여 초등교육과 중등교육을 연구하는 대학에서는 심리학적 구성주의와 관련된 많은 논문이 발표되었다. 또한 심리학적 구성주의는 교육방법적 차원에서도 수용되어 '구성주의적 수업방법'으로 널리 받아들여지고 개발되었다(Matthews, 1994).

문제중심학습의 중요한 목적 중의 하나는 전문적이고 실제적인 지식을 학습하는 데 있고, 학습자가 배우는 '지식'은 학습자의 경험에 기초하여 능동적으로 구성된다는 심리학적 학습이론에 기초하고 있다. 그러나 학습 대상인 지식은 개인적 수준이 아닌 학문적 전통을 따른 전문적이고 실제적인 지식이어야 한다.

2. 문제중심학습의 교육적 가치

20세기 후반부터 우리나라에서는 창의성이 교육개혁의 중요한 방향으로 부각되면서부터 창의성 계발을 교육에서 가장 상위의 목표로 꼽고 있다. 그러나 실제 학교교육의 맥락 속에서는 아직 구체적으로 접근되지 못하고 있는 실정이다. 학교 나름대로 시도하고 있는 창의성 교육의 경우를 살펴보면, 교과 교육 내용과는 관련 없는 일반적인 창의적 사고력 교육을 실시하고 있는 경우가 많다. 그러나 실생활에서는 전문 영역의 지식을 기반으로 하여 해결책이 잘 알려지지 않은 문제(공연이나 작품 제작을 포함하여)를 창의적으로 해결할 것이 요구된다. 문제중심학습을 통해 길러지기를 기대하는 것은 바로 이러한 '창의적 문제해결력'의 신장이다.

'문제'는 문제해결자가 목적을 갖고 있어도 그것을 달성하는 분명한 방법을 모를 때 주로 나타나며, '문제해결'은 주어진 상태에서 목표 상태에 도달하기 위해 행하는 인지적 처리(cognitive processing)를 말한다. 이러한 문제해결은 일반적으로 문제를 발견하고, 인식하며, 정의하고, 가능한 해결책이나 해결을 위한 방법을 찾고, 이러한 과정을 반추해 보거나 나타난 결과를 적용할 방법을 찾는 과정으로 진행된다(Guilford, 1967). 그러나 모든 문제해결이 창의적인 것을 요구하지는 않는다. 문제해결 방식은 해결해야 하는 문제의 종류에 따라서 달라진다. 즉, 문제가 사실이나 지식을 단순하게 적용할 것을 요구하는 경우도 있지만, 기존의 정보를 단순히 적용하기만 해서는 해결할 수 없고 새로운 아이디어를 내어 해결할 것을 요구하는 경우도 있다.

전자에서와 같이 '일반적 문제해결'을 요하는 경우에는 문제가 분명하게 진술되어 있고, 해결을 위한 표준화된 절차나 방법이 알려져 있거나 주어진다. 따라서 일반적 문제해결을 위해서는 대개 자신이 알고 있는 알고리즘을 적용하거나 이미 기억하고 있는 절차를 그대로 적용하여 해결하면 된다. 반면, '창의적 문제해결'을 요하는 경우의 문제는 문제해결을 위한 구체적인 정보나 절차가 주어져 있지 않거나 독창적인 방법으로 해결안을 내야 한다. 따라서 창의적 문제해결을 위해서는 문제해결자가 문제와 해결책을 스스로 발견하거나 창조해야 하며, 해결의 통로나 종류가 여러 가지가 될 수 있다(조연순, 성진숙, 이혜주, 2008). 창의적 문제해결을 요구하는 이와 같은 문제의 특성은 복잡한 실제 세계의 맥락 속에서 비구조화된 문제를 제시하는 문제중심학습의 문제 특성과 일치한다고 해도 과언이 아니다. 조연순 등(2000a)의 연구에서는 초등학교 5학년 과학교과에 문제중심학습 방법을 사용한 집단이 교과서 중심의 수업을 한 집단과 비교하였을 때 창의적 문제해결력에서 더 높은 성취를 보였다.

창의적 문제해결을 가능하게 하기 위해서는 여러 가지 요소가 필요하다. 즉, 문제발견의 단계로부터 시작하여 문제해결의 전 과정을 통하여 창의적 사고와 비판적 사고가 필요하며, 문제에서 요구하는 지식과 경험, 기술이 필요하고, 문제에 대한

흥미와 문제를 해결하고 싶은 욕구, 그리고 다른 사람들과의 의사소통 능력과 협동
능력도 필요하다. 이제부터 이러한 능력들이 문제중심학습을 통해 길러질 수 있는
지 구체적으로 살펴보고자 한다.

1) 창의적 · 비판적 사고력[*] 촉진

사고는 신념, 추론, 추리, 행동방식 등 그 범위가 넓지만, 교육에서 관심을 가지는
사고는 주로 지적이며 문제해결적인 것으로서, 합리적으로 문제를 규정하고 대처
해 나가는 의도적 · 유목적적인 정신활동이라고 할 수 있다. 사고를 기초적이고 일
반적인 사고와 고등한 사고로 위계를 나눈다면, 교육에서 보다 가치 있게 다루어야
할 것은 창의적 사고와 비판적 사고 같은 고등사고력이라고 할 수 있다.

창의적 사고와 비판적 사고가 흔히 대조적으로 제시되는 데 대하여 Nickerson
(1999)은 이들의 차이를 동전의 양면으로 비유하였다. 그러나 고등사고력의 성격을
보다 분명하게 하기 위한 접근으로 창의적 사고와 비판적 사고를 구분하여 살펴보
고자 한다.

'창의적 사고'는 흔히 확산적 사고, 즉 새로운 방식으로 결합하거나, 새롭고 신기
하고 독창적인 산출물을 내는 등의 과정에 필요하며, 창의적인 문제해결을 위해서
문제를 발견하여 정의하고, 새롭고 독창적인 해결책 또는 대안을 찾아보는 데 기여
하는 사고 기능이다(조연순 외, 2000b). 즉, 다양한 관점에서 융통성 있게 사고하며,
새롭고 독창적인 방식으로 문제를 다루는 것을 의미한다. 창의적 사고력의 구성요
소로 Torrance(1962)는 유창성, 융통성, 독창성, 정교성을 들고 있다. '유창성'이란
제한된 시간 내에 많은 아이디어를 생산하는 능력으로, 다양한 가설을 세우는 능력
이나, 문제해결을 위한 다양한 정보를 수집하는 능력, 가능한 해결방안을 많이 찾아

---

[*] 이 부분은 조연순의 논문 「창의적, 비판적 사고력과 교과지식의 융합을 위한 교수–학습모형으로서의 문제
중심학습(PBL) 고찰」(2001, **초등교육연구**, 제14권 3호, pp. 295-316)을 참고하였음.

내는 능력 등을 말한다. '융통성'이란 가능한 한 여러 관점의 아이디어나 반응을 나타내는 능력으로, 새로운 시각으로 다양한 가설을 세우거나, 해결방안을 찾아내는 능력 등을 말한다. '독창성'이란 새롭고 독특하고 비상한 아이디어를 만드는 능력, 문제를 새롭게 해석하고 구조화하여 정의하는 능력과 새로운 시각이나 방향에서 정보를 수집하는 능력, 전혀 관계가 없다고 생각했던 정보들을 결합하여 해결방안을 고안하는 능력 등을 말한다. '정교성'은 창의적 사고보다는 비판적 사고의 구성 요소로 구분하고자 한다.

'비판적 사고'는 문제를 정의하고, 문제와 관련된 정보들의 적절성과 신뢰성을 판단하며, 문제에 적절한 해결책을 찾아 구체화하여 논리적이고 체계적으로 사고하는 기능이다(김경자 외, 1997; 조연순 외, 2000b). 이러한 비판적 사고를 가능하게 하는 구성요소로는 적절성, 신뢰성, 정교성을 들 수 있다. '적절성'이란 문제 정의의 정확성과 문제해결을 위한 가설의 타당성과 적합성을 판단하고, 문제해결을 위한 정보의 적합성을 평가하며, 새로운 해결방안의 타당성을 평가하는 등의 능력을 말한다. '신뢰성'은 수집된 정보를 사실과 의견으로 구별하고, 문제와 관련된 이론이나 현상을 확인하며, 정보와 문제해결의 관련성 여부 및 새로운 해결방안에 내포된 편견을 확인하는 등의 능력을 말한다. '정교성'이란 한 가지 아이디어를 설명하기 위해 상세한 내용을 찾거나 심층적인 아이디어를 만드는 능력으로, 문제를 구체적으로 정의하기, 관련된 다양한 정보로부터 결론을 구체화하기, 해결방안을 구체화하기 등의 능력을 말한다.

창의적 사고, 비판적 사고와 같은 고등사고력은 이와 같이 여러 가지의 구성요소를 바탕으로 하고 있으며, 궁극적으로 이러한 모든 사고 능력은 삶의 과정에서 당면하게 되는 문제에 현명하고 합리적으로 대처하고, 더 나아가 창조적 인간으로서의 삶을 영위할 수 있는 능력을 신장시켜 주기 위한 필수 요건이라고 할 수 있다. 문제중심학습의 교수·학습 과정을 통하여 이러한 창의적·비판적 사고력이 어떻게 길러질 수 있는지는 이 책의 제2부 제5장 중 조연순(2004)의 PBL 과정에서 설명하고 있다.

김경희(2001)는 문제중심학습을 초등학교 사회과 수업에 적용한 결과, '창의적 사고'와 '비판적 사고' 성향이 높아졌다고 보고하였으며, 김선희 등(2006)은 문제중심학습을 초등 저학년에 적용했을 때 1학년의 경우는 독창성에서, 2학년은 독창성, 유창성, 정교성, 실용성, 논리 타당성과 문제해결력에서 긍정적인 효과를 보여 주었다고 한다. 또한 이명자(2013)는 초등인문사회영재를 위한 프로그램 개발 및 적용 연구에서 문제중심학습의 초기단계에서는 학생들의 '확산적 사고' 활동이 활발하게 일어나고, 학습이 진행되어 감에 따라 '수렴적 사고'가 작용하여 구체화된 해결책을 고안해 냄을 발견할 수 있었다고 한다.

문제중심학습을 STEM(Science, Technology, Engineering & Mathematics) 수업에 적용했던 대만에서의 연구를 보면, 이론과 실제를 결합함으로써 궁극적으로는 학생들의 문제해결 능력과 고차원적 사고력을 기를 수 있었다고 하였다(Lou et al., 2011). 최근 PBL 관련 문헌들을 종합분석한 연구에 의하면(Xian & Madhavan, 2015) 모든 학문 영역에서 PBL과 관련하여 가장 많이 언급되었던 주제는 '비판적 사고력'과 '문제해결'이었다고 한다.

문제중심학습을 통하여 학습자들은 문제해결자가 되어 주어진 문제를 새롭게 발견하고 해석하며 문제해결 계획을 세우고, 해결책을 고안하는 과정에서 '창의적 사고력'이 증진된다. 그리고 문제해결을 위해 필요한 지식을 탐색하고 점검하면서 '비판적 사고력' 또한 증진시켜 나가게 된다.

2) 지식의 습득과 기억, 통합과 활용

지식은 학문의 이론 탐구 활동을 통해 생성된 산물로서, Ryle은 지식의 종류를 '명제적 지식(knowing that: ~인 것을 아는 것)'과 '절차적 지식(knowing how: ~할 줄 아는 것)'으로 구분하였다. 그리고 당대의 지식교육이 명제적 지식교육에 치우쳐 있음을 지적하며, 교육의 초점이 '명제를 아는 것'으로부터 '할 줄 아는 것'으로 옮겨 가야 한다고 함으로써 명제적 지식과 절차적 지식과의 관련을 강조하였다. 명제적 지식은 '이론적 지식' '관조적 지식' '명시적 지식' 등 맥락에 따라 여러 가지 다른 이름으로 불리기도 하며, 절차적 지식 역시 '방법적 지식' '실용적 지식' '수행적 지식' '실천적 지식' 등의 여러 이름으로 불린다(허경철 외, 2001).

지식을 창출하기 위해서는 명제적 지식뿐만 아니라 절차적 지식이 필요하며, 이러한 지식이 앞서 설명한 창의적·비판적 사고력과 융합될 때 창의적 문제해결력이 발휘된다. 이러한 능력은 교육과정의 내용과 목표설정에서 분명하게 다루어져야 하며, 적합한 교수·학습 모형을 선택하고 개발해야 한다. 지식의 발견과 사고력을 기르기 위해 개발된 교수·학습 모형으로 '발견학습 모형' '탐구학습 모형' '프로젝트학습 모형' 등을 들 수 있는데, 발견학습 모형은 개념 발견 및 습득을 강조하는 반면, 탐구학습 모형과 프로젝트학습 모형은 탐구하는 사고의 과정적 측면을 강조한다. 이에 비해 '문제중심학습 모형'은 지식과 사고력을 동시에 기르게 할 수 있는 교수·학습 모형이라 할 수 있다. 제1장의 문제중심학습의 특성에서 설명했던 바와 같이 문제중심학습의 목적은 문제해결 자체에 있기보다는 지식이나 정보 탐색이 필요한 맥락을 문제에 암시해 줌으로써 지식 습득을 촉진시키고, 지식 습득이 일어난 다음에 오는 기억과 파지, 다른 상황에의 전이능력 또한 활성화시키는 데 있다.

'문제중심학습은 학습한 내용을 기억하는 데 효과적인가?'라는 질문에 대해 '기억' 관련 분야의 연구들을 통해 얻은 결과를 제시하면 다음과 같다(Norman & Schmidt, 1992).

- 선험지식의 활성화는 새로운 정보의 후속과정을 촉진한다.
- 학습에서 지식의 정교화는 지속적 수정을 강화한다.
- 관련된 상황은 회상을 촉진한다.

Martensen 등(1985: Norman & Schmidt, 1992에서 재인용)의 연구에서는 문제중심학습 과정을 경험하였던 학생들은 단기기억에서는 차이를 보이지 않았지만 장기기억에서는 4년 반 후에도 60% 이상의 성취를 나타냈다고 설명하였다. Tans 등(1986:

Norman & Schmidt, 1992에서 재인용)은 물리요법 실습학생들에게 근육생리학에서 무작위로 문제중심학습과 강의중심 수업을 받게 한 후 비교하였다. 그 결과, 문제중심학습 집단의 학생들은 즉각적인 선다형 시험에서는 낮은 점수를 받았지만, 6개월 후 핵심적인 지식에 대한 자유 회상 시험에서는 통제집단보다 5배 이상으로 많은 개념을 회상했다. 이러한 결과는 문제중심학습이 전통적 수업보다 학생들의 지식을 보다 오래 기억하도록 도와주고 있음을 말해 준다. 한편, Nowak(2001)은 중학교 영재반 학생들을 대상으로 연구한 결과, 교사 주도적인 전통적 학급의 학생들이 '사실적 지식'에 대한 점수는 높았으나, 파지 면에서는 문제중심학습 접근을 하는 학생들이 더 높았다고 하였다. 이와 같은 연구 결과들은 문제중심학습이 즉각적인 지식 습득에는 불리할지라도 장기간의 '기억'을 위해서는 보다 효과적인 심리학적 기제를 포함하고 있음을 시사한다고 볼 수 있다.

이러한 학습효과에 관해 그동안의 연구들을 질적인 메타분석 방법으로 비교분석해 본 결과, Strobel과 van Barneveld(2015)는 문제중심학습은 장기기억, 능력 개발 측면에서는 더 효과적이고 학생들과 교사들의 만족도가 높았는데, 표준화된 검사와 같은 단기기억에는 전통적인 방법이 더 효과적이라는 보고를 하였다. 그러나 최근의 연구에서는 평가의 방법과 도구가 평가 결과에 영향을 미친다는 지적도 하였다.

한편, 지식의 통합과 활용에 관해 의과대학에서 이루어졌던 연구들을 살펴보면 다음과 같다. Patel 등(1991: Norman & Schmidt, 1992에서 재인용)은 의과대학에서 전통적 교육과정 집단과 문제중심학습 교육과정 집단에게 임상문제를 해결하고 난 후 관련 기초과학 지식 세 가지를 통합하여 문제를 설명하도록 하였다. 그 결과, 문제중심학습 집단 학생은 문제에 대해 뜻하지 않게 보다 많은 설명을 하였다. 즉, 문제중심학습 집단의 학생들은 모든 수준에서 임상지식과 기초과학을 통합시킬 수 있었으나, 전통적 집단의 학생들은 임상경험을 하기 전까지는 문제의 임상적 측면을 충분히 다루지 못했으며, 임상경험을 하는 학년이 되었을 때에도 기초과학 정보를 다루지 못하였다. Boshuizen과 Schmidt(1990: Norman & Schmidt, 1992에서 재인용)는 지식의 통합 측면에서 문제중심학습 학생들이 자신들의 지식을 보다 잘 통합하며 효과적으로 문제를 해결한다고 밝혔다.

초등과학영재를 대상으로 과학과 음악의 공통주제로서 '소리'를 선정하여 문제중심학습을 실시했던 이원경(2012)의 연구를 보면, 학생들이 과학의 지식과 정보를 음악적 활동과 통합하고, 음악적 지식과 정보를 과학적 탐구과정과 통합하는 양상을 보였으며, 두 교과에서 모두 활용 가능한 기술 공학적 방법까지도 탐구하는 것을 발견하였다.

이러한 연구들을 볼 때 문제중심학습에서 통합의 범위는 실제 상황이 반영된 문제와 지식, 개념과 개념, 다양한 교과 내에서의 개념적 지식과 과정적 지식, 그리고 한 교과의 개념적 지식과 다른 교과의 과정적 지식의 교차적인 통합까지로 확장될 수 있다.

문제중심학습에서 지식은 탈맥락적이 아닌 '문제의 맥락'에서 학습된다. 그리고 대개 소집단으로 해결책이나 산출물이 제출되기 때문에 학생들은 문제상황에서 서로 이의를 제기하면서 개념을 정교화할 수 있는 기회 또한 풍부하게 갖게 된다. 이처럼 문제중심학습은 지식의 습득에서 실제적 필요성과 상황을 제시하며, 이런 방식으로 습득된 지식은 보다 오랜 지속력과 전이력을 갖게 되어 지식의 통합과 활용에 효과적이다.

3) 학습동기와 흥미유발

교육에서 학습자의 흥미를 강조한 많은 교육학자 중 대표적인 사람으로 Dewey를 들 수 있다. Dewey의 교육이론에서 '흥미'는 핵심적인 위치를 차지하는데, 그동안 흥미와 교과는 대립되는 개념으로 간주되어 왔다. 그러나 그의 흥미 개념은 순간적인 반응이나 즉각적인 쾌락이 아닌 활동의 연속성 개념으로 이해되어야 한다. Dewey의 흥미에 대한 관점은 다음의 글을 통해 알 수 있다.

흥미란 가능한 경험에 대한 태도를 지칭할 뿐이며, 그것 자체는 우리가 도달할
최종적인 성취는 아니다. 흥미는 최종적인 성과물로서의 가치를 지니는 것이 아
니라, 무엇인가에 도달하기 위한 수단에 해당하는 것을 제공한다는 점에서 가치
를 지닌다(Dewey, 1902).

만약 교과의 내용이 아동의 과거 활동이나 사고, 또는 경험과 관련을 갖고 이후
에 무엇인가를 성취하거나 이해하는 데에 적용될 수 있는 것이라면, 흥미를 불러
일으키기 위하여 어떠한 장치나 속임수 같은 방법들에 의존할 필요는 없다. 교과
의 내용을 심리적인 측면에서 다룬다는 것은 흥미를 갖도록 만든다는 의미이다.
바꾸어 말하면, 교과의 내용이 의식적인 삶의 전체 속에 자리 잡도록 하여 삶이 지
니는 가치를 공유하도록 만드는 것이다(Dewey, 1902).

이러한 주장은 교육현장에서 교사들이 즉각적이고 자극적인 외적 보상이나 장
치에 의존하기보다는 교과 내용을 학습자들의 심리적인 측면에서 적절하게 다루어
흥미를 이끌어 내야 함을 시사한다. 바로 이러한 역할을 감당해 낼 수 있는 것이 문
제중심학습인데, '학습에 대한 동기와 흥미유발'과 관련하여 다음과 같은 연구들이
이루어졌다.

Achilles와 Hoover(1996)는 중·고등학교 학생들을 대상으로 문제중심학습을 실
시한 후 교사 인터뷰를 하였다. 그 결과, 교사들은 문제중심학습이 학생들의 참여와
긍정적인 학습활동에 매우 높은 동기부여를 하였다고 진술하였다. Savoie(1995)는
고등학교 사회과에 2주간 문제중심학습을 적용하여 학생의 학습활동에 대한 몰입
도, 만족감, 학업성취 등의 효과를 알아보는 연구를 실시하였는데, 학습활동에 대한
몰입도와 만족감 및 학업성취도 사이에는 서로 긍정적인 관련성이 있다는 결과를
제시하였다. Diggs(1997)는 고등학생을 대상으로 과학수업에 문제중심학습을 실시
한 결과, 과학에 대한 학생들의 태도와 흥미가 높아졌다고 보고하였다. 또한 중학교
영재반을 대상으로 한 Nowak(2001)의 연구에서도 학생들과의 면접내용을 분석한

결과, 학생들은 문제중심학습 방법을 통한 학습을 더 선호하는 것으로 나타났다.

　　우리나라의 경우, 초등학교 5학년 학생을 대상으로 문제중심학습의 효과를 연구한 김선자(1998)는 문제중심학습의 실제적인 문제가 학생들의 학습에 대한 흥미와 관심에 긍정적인 영향을 주었다는 결과를 제시하였다. 오만록(1999)은 중학교 3학년 학생을 대상으로 문제중심학습의 효과를 알아보는 연구를 하여, 문제중심학습이 전통적인 수업에 비해 학생들의 과학교과에 대한 학습흥미에 긍정적인 영향을 미친다는 결과를 제시하였다. 초등학교 5학년 보건교육에 문제중심학습을 적용한 김은경과 이동규(2012)의 연구에서는 운동생활 습관의 변화에는 영향을 미치지 못하였지만, 운동의 필요성에 대한 공감, 수업 참여도와 흥미와 적극성이 향상되었다는 보고를 하였다. 또한 문제중심학습 효과에 대한 메타분석 연구(손미, 하정문, 2008)에 의하면, 학업성취와 문제해결력과 같은 인지적 영역에서도 문제중심학습이 효과적이었지만, 자아개념과 학습흥미와 같은 정의적 영역에서 더 큰 효과를 보였다고 한다.

　　이와 같이 문제중심학습은 실제적이고 맥락적인 문제 구성을 통해 교과내용을 의미 있게 접하게 할 수 있기 때문에 학습자들의 본질적 흥미를 유발하기에 적합한 장치가 마련된다고 볼 수 있다. 그뿐만 아니라 학습자들이 문제해결을 위해 필요한 방법과 자료를 발견하는 순간이나 문제를 해결하는 순간에 느낄 수 있는 희열은 학습의 내재적 동기를 불러일으킨다.

4) 자기주도적 학습능력 신장

　　과거에는 성인이 되기까지 학교에서 받은 교육만으로도 평생을 살아갈 수 있었지만, 정보와 지식의 홍수 속에 살고 있는 지금은 성인이 된 이후에도 지속적으로 배우지 않으면 시대에 뒤처지는 삶을 살 수밖에 없는 것이 현실이다. 따라서 학습자가 학교를 졸업한 후에도 자기주도적으로 자신에게 필요한 내용이나 기술 등을 학습할 수 있는 능력을 갖도록 해야 한다.

자기주도적 학습은 학습자가 자신의 학습목표를 세우는 일에서부터 학습과정을 지각하고, 학습에 필요한 자원을 확보하고, 학습 전략을 선택하여 학습을 실행하고 평가하며 조절하는 등 학습과정 전반에 있어서 주도권을 갖는 것을 말한다. 문제중심학습의 학습자 역할을 살펴보면 학습자는 부딪힌 문제를 스스로 해결하기 위하여 해결과정을 파악하고 탐색하여 조절하면서 문제를 해결하게 된다. 문제중심학습에서는 이러한 학습자의 활동을 통하여 자기주도적 학습능력을 신장시킬 수 있다.

Hmelo와 Lin(2000)은 의과대학 1학년 학생들을 문제중심학습과 전통적 교육과정으로 나누어서 자기주도적 학습기술 향상 효과를 비교하였는데, 그 결과 문제중심학습 집단의 학생들이 더 많은 자료를 자발적으로 사용하였다. 또한 1학년 동안 세 차례에 걸쳐 변화를 분석한 결과, 문제중심학습 집단 학생들이 이용 가능한 자원에 대해 더 잘 이해하였다. Diggs(1997)는 고등학생을 대상으로 과학과 수업에 문제중심학습을 실시한 결과, 자기주도적 학습능력에서 긍정적인 효과가 나타났다고 보고하였다.

우리나라의 경우 김종윤(2006)의 'e-Learning 활용 문제중심학습이 초등학생의 자기주도적 학습태도와 문제해결력 신장에 미치는 효과' 연구에서 문제중심학습의 적용은 초등학생의 자기주도적 학습태도 향상에 효과적이라고 밝혔다. 서성원과 김의정(2013)의 연구에서도 문제중심학습을 적용한 수업이 학생들의 자기주도적 학습능력을 향상시킨 것으로 나타났는데, 동기 · 인지 · 행동 조절요인 등 모든 영역에서 유의미한 향상을 보였으며, 특히 '학습에 대한 사랑' '자발적인 계획' '독창적 접근' '미래 지향성' '학습에 대한 책임수용' '탐구적 특성' 영역에서 유의미한 결과가 나타났다고 했다. 김향자 등(2014)의 'PBL 수업의 학습효과 분석'에서도 '자신감' '자기통제력' '자기주도성'이 향상되었다고 보고하였다.

이러한 자기주도적 학습능력은 문제중심학습을 통해 길러질 수 있는 종속변인이기도 하지만 문제중심학습을 효과적으로 진행하기 위하여 필요한 학습의 개인차 변인이기도 하다. 초등학교 6학년 사회과를 웹기반 문제중심학습으로 진행했던 홍기칠(2009)의 연구를 보면, 문제발견과 문제정의, 문제실행 단계에서 자기주도적 학습력에 따라서 학습효과의 차이가 있었으며, 간호학과 대학생들을 대상으로 실시하였던 김수진과 강현희(2015)의 연구에서도 학습자의 자기주도학습 준비도에 따라서 문제중심학습의 효과가 달라진다고 보고하였다. 이는 문제중심학습을 실시할 때는 학습자의 자기주도성의 수준을 고려하여 교사의 개입 정도가 달라져야 함을 시사한다.

학습자들에게 경험 가능한 실제적 문제상황을 제시하고 해결자의 역할을 부여함으로써 학습자들이 학습에 대한 주인의식을 갖고 문제해결을 하도록 하는 것이 바로 문제중심학습의 가장 중요한 특성이라고 할 수 있다. 문제중심학습은 학습자 자신이 문제해결을 위해 '무엇을 알고 있고, 무엇을 더 알아야 할지'를 생각하게 하고, '분명한 해답이 없는 상황에서는 해결책을 만들기 위해 새로운 지식과 정보를 사용한다'는 사실도 깨닫게 한다. 즉, '메타인지적 능력'을 포함하는 이러한 '자기주도성'은 문제중심학습을 실행하기 위해 필요한 능력이기도 하면서 문제중심학습을 통해 길러질 수 있는 평생학습 능력이다.

5) 의사소통 및 협동 능력 신장

지식이 다양화되고 전문화되어 감에 따라 사회에서는 더 복잡한 문제상황들이 발생하게 되고, 이러한 문제를 해결하기 위하여 혼자가 아닌 타인과 협동해야 할 필요성이 날로 증대되고 있다. 타인과 협동하는 능력에는 '대인관계 기술' '사회적 기술' '의사소통 기술' 등과 같은 것들이 포함된다. 이러한 기술들은 타인과 정보, 지식, 아이디어를 공유하고, 협상이나 타협 또는 토론을 위한 의사소통을 하는 등의 경험을 통하여 배울 수 있는 것들이다. 문제중심학습은 협동학습을 기반으로 학생들 상호 간의 다양한 논의와 참여를 통해 이루어진다(신희선, 2011). 협동적인 수업 구조에서는 목표 달성을 위해 서로 도와주는 긍정적인 '상호의존성' 뿐만 아니라 개개인이 집단 과제를 위하여 맡은 역할을 성실히 수행하는 '개인적인 책무성'과 모둠 활동을 통한 '개인 간 상호교류'가 활발하게 이루어지게 된다.

문제중심학습은 대집단, 소집단, 개별 활동을 모두 포함하지만, 문제해결의 과정에서 소집단 활동은 매우 중요한 부분을 차지한다. 문제상황에서 학습자들이 배워야 할 것들의 우선순위를 정한다든가, 문제해결을 위한 참고자료들을 수집하여 타인과 나누고 아이디어를 수정하는 등의 활동을 통해 학생들은 자연스럽게 협동 능력을 배우게 된다.

'협동 능력' 관련 연구들을 살펴보면 다음과 같다. Guerrera(1995)는 고등학교 학생 81명을 대상으로 생물교과에 문제중심학습을 적용하였는데, 학생들은 협동적인 활동에 흥미를 보였다고 보고하였다. Achilles와 Hoover(1996)는 문제중심학습의 효과를 알아보기 위해 연수에 참가한 3개의 중학교와 1개의 고등학교 6~9학년 학생들에게 문제중심학습을 적용하는데, 문제중심학습 경험이 능동적인 학습과 협동학습의 증진을 가져왔으며 학교교육을 향상시켰다고 보고하였다. 문제중심학습의 질적 검토를 위하여 Sage(1996)는 유치원부터 8학년 학생들을 대상으로 6개월간 교실관찰, 소집단 학생면담, 학생작품 수집, 교사의 자기보고와 성찰 노트, 교사·학생·학부모의 심층 집단면담을 실시하였다. 자료 분석 결과, 문제중심학습은 학생들에게 비판적 사고 기능과 협동 능력을 신장시켜 주는 것으로 나타났다.

우리나라에서 이루어진 연구들(김선자, 1998; 김향자 외, 2014; 안혜연, 2014)도 문제중심학습이 학생들의 협동 능력, 즉 '긍정적 상호의존성' '개인적 책무성' '개인 간 상호교류'에서 긍정적 영향을 미친다고 하였다. 신희선(2011)은 다양한 배경과 시각을 가진 학습자들이 함께 문제를 해결해 가기 위해 활발하게 논의를 해야 하는 구조로 이루어진 모델이라는 점이 문제중심학습이 의사소통 교육에 주는 시사점이라고 논의하였다. 의사소통 기술이 훈련되지 않은 경우에는 자신의 생각과 의견을 어떻게 정리하여 표현하고 다른 의견은 어떻게 받아들여야 할지 모르기 때문에, 학생들은 문제중심학습 수업과정을 통해 의사소통의 중요성과 필요성을 인식하게 된다는 것이다. 결국 자신의 의견을 체계적으로 전달하고 동시에 다른 학습자들의 발표내용에 대해 동료로서 의견을 주고받는 상호작용을 통해 효과적으로 의사소통하는 방법을 습득하게 된다.

　이와 같은 연구들은 문제중심학습을 통해 학습자가 동료 간 '의사소통 능력 및 협동 능력'을 배울 수 있다는 가능성을 제시해 준다. 문제중심학습에서 교사는 학습자들이 문제해결을 위한 탐색과 해결책을 고안하는 등의 활동 과정에서 발생하는 의견 대립을 해결하도록 안내함으로써 보다 유익하고 의미 있는 집단 활동을 장려할 수 있다.

요약

문제중심학습의 기초 이론이 될 수 있는 **지식관**에 대해 두 가지 관점에서 소개하였다.

- **Dewey의 교과지식관**
  학생들이 흥미 있어 하는 경험에서 시작하여 점차 체계적으로 조직된 지식으로 발전시켜 나가는 Dewey의 '진보적 교과조직 이론'을 설명하였다.
- **구성주의 이론**
  개개인의 상황이나 조건에 따라서 다르게 의미를 구성해 가지만 실재의 세계를 인정하는 '심리학적 구성주의'를 설명하고, 객관적 지식의 실체를 부인하는 '사회학적 구성주의'에 대해 설명하였다.
  또한 문제중심학습의 기초 이론으로서 사회학적 구성주의보다 Piaget의 심리학적 구성주의가 더 적절함을 설명하였다.

문제중심학습의 상위목표인 '창의적 문제해결력'과 여러 가지 하위 요소들에 대해 **교육적 가치**를 설명하였고, 문제중심학습을 통한 교육 가능성을 살펴보았다.

- **창의적 · 비판적 사고력 촉진**: 학습자가 문제해결자가 되어 문제를 새롭게 발견하고 문제해결 계획을 세우며 해결책을 고안하는 과정에서 창의적 사고력이 증진되며 필요한 지식을 탐색하고 점검하면서 비판적 사고력이 증진된다.
- **지식의 습득과 기억, 통합과 활용**: 문제중심학습에서는 '지식'을 배워야 하는 동기를 자연스럽게 부여함으로써 지식의 습득뿐만 아니라 장기간의 '파지'와 '적용'까지의 효과를 기대할 수 있다.
- **학습동기와 흥미유발**: 문제중심학습은 실제적이고 맥락적인 문제를 접하기 때문에 학습자들의 '흥미'를 유발하기에 적합하다.
- **자기주도적 학습능력 신장**: 문제중심학습에서는 학습자가 주인의식을 가지고 끝까지 문제를 해결해 가도록 함으로써 '자기주도적 학습능력'을 신장시킬 수 있다.
- **의사소통 및 협동 능력 신장**: 소집단별로 탐구할 문제를 선정하고 자료를 찾아 서로 설명해 주며 문제해결책을 생각하고 발표하는 등의 활동을 통해 자연스럽게 동료 간의 '의사소통 능력 및 협동 능력'이 신장된다.

이 외에도 문제중심학습의 과정을 통해 미래사회에 필요한 역량인 사회적 이슈에 대한 민감성 및 책임감, 타인 존중의식, 자존감 등의 '정의적 · 사회적 능력'을 기르게 할 수 있다.

제3장

문제중심학습에서
다른 교수전략들을
활용할 수 있는가

문제중심학습을 접하면서 독자들은 다음과 같은 의문을 제기할 수 있다.

- 문제중심학습은 다른 접근방법과 어떻게 다른가?
- 문제중심학습에서 다른 교수방법도 활용할 수 있는가?

이 장에서는 문제중심학습과 유사한 전략들과의 차이점을 알아보고 함께 활용할 수 있는 교수방법들에 대해서 안내하고자 한다.

1. 문제중심학습과 다른 교육적 접근들 간의 비교

문제중심학습을 실천하고자 하는 사람들 중에는 "최근 교육계에서 관심을 받고 있는 몇몇 다른 교육적 접근들과 문제중심학습이 어떻게 다른가?"라는 의문을 제기하는 경우가 종종 있다. 이에 문제중심학습과 유사하여 빈번하게 의문이 제기되는 몇 가지 교육적 접근과의 공통점과 차이점을 살펴보고자 한다.

1) 문제중심학습과 문제해결학습

지식 축적과 기능 연마를 위주로 했던 주입식 교육의 문제점이 제기되면서 등장한 문제해결학습은 배운 지식을 활용하여 문제를 해결할 수 있는 능력을 기르기 위한 것이다. 따라서 문제해결학습은 학생들이 여러 가지 학습활동을 진행한 후 문제해결에 접근하도록 한다.

문제중심학습과 문제해결학습은 모두 학생의 흥미와 요구를 반영하여 자발적인 학습참여를 유도한다는 점에서 비슷하다. 또한 학생들에게 문제해결을 요구한다는 점에서도 유사하다. 그러나 차이점도 분명하다. 문제해결학습에서는 학생들에게 미리 계획된 강의와 정보를 제공한 후 이를 바탕으로 질문을 제시하고 그에 대한 해결책을 찾아가도록 한다. 반면, 문제중심학습에서는 교과내용이 내재되어 있는 문제상황이 먼저 제시된다. "복잡한 문제상황에서 어떤 지식과 정보가 필요한가?" "이 상황을 효과적으로 해결하기 위해서는 어떤 기술이 필요한가?" 등에 관한 결정권은 주로 학생들에게 있다(Savin-Baden, 2000).

두 접근은 문제가 제시되는 형식이나 시점에서 두드러진 차이가 있다. 문제해결학습에서의 문제는 대부분 구조화되어 있어서 활용해야 할 정보나 지식이 결정되어 있고, 문제해결 방법도 정해져 있는 데 비하여, 문제중심학습에서의 문제는 비구조화되어 있어서 필요한 정보나 지식도 학습자에 따라 달라질 수 있고, 문제해결 방법도 다양하다. 따라서 문제해결학습에서는 주로 교과내용을 배운 다음 그것을 적용하는 문제를 뒷부분에 제시하게 되고, 문제중심학습에서는 문제상황을 먼저 제시하고, 그 문제를 해결하기 위해 교과지식을 탐구하도록 한다.

2) 문제중심학습과 액션러닝

1940년대 영국의 국가석탄위원회에서 교육훈련을 위해 광부들을 대상으로 한 집단 컨설팅에서부터 시작된 액션러닝은 비즈니스 상황에서 일어나는 실제 과제를 해결하기 위한 목적으로 실시되었다. 액션러닝은 조직이 당면하고 있는 문제를 해결함과 동시에 구성원들의 역량을 개발할 수 있는 접근법으로 사용되고 있다 (Aubusson, Ewing, & Hoban, 2012).

문제중심학습과 액션러닝의 유사점을 살펴보면, 문제로 시작하며 비구조적인 실제적 문제(과제)를 해결하는 과정에서 학습이 이루어진다. 문제해결 과정에서 학습자는 능동적이고 자기주도적으로 필요한 정보를 수집하고 선별·평가하며 지식을 구축해 나간다. 또한 교수자는 학습의 조력자·촉진자 역할로서 코치 및 튜터가 된다.

그러나 두 접근의 두드러진 차이점은 각각 문제해결과 학습에 대한 강조점에 있다(장경원, 고수일, 2013). 액션러닝은 기업에서 업무 수행과 학습의 유기적 연결을 위한 목적으로 실시된 것으로, 이미 문제해결과 관련한 지식이 있는 학습자들이 산업 현장에서 지식과 연계된 문제를 통합할 수 있는 능력을 기르는 데 있다. 반면, 문제중심학습은 전문지식을 학습하고자 하는 목적으로 의과대학의 교육으로부터 출발한 것으로서 문제를 해결해 나가는 학습과정을 통해 지식을 습득하고, 창의적 문제해결력을 기르는 데 있다. 주로 액션러닝에서 다루는 문제는 학습할 내용의 실체가 의도적으로 정해져 있지 않은 실제 문제인 반면, 문제중심학습에서의 문제는 배워야 할 지식이 포함된, 즉 교육과정의 내용을 포함한 것이다. 또한 액션러닝은 개별적인 학습보다는 조직이 학습하고 문제를 해결하도록 하는 조직 개발에 더 초점을 둔 반면, 문제중심학습에서는 학습자의 개별적인 학습에 더 초점을 둔다.

3) 문제중심학습과 프로젝트학습

프로젝트학습은 20세기 초 진보주의자들에 의해 주창된 프로젝트법(Kilpatrick, 1918)에 기원을 두고 있다. 프로젝트법의 변형된 형태로서 최근 관심을 끌고 있는 프로젝트학습은 프로젝트를 중심으로 교육과정이나 교수·학습을 이끌어 가는 교육적 접근이다. 프로젝트학습에서는 학생이 흥미를 갖고 의미를 부여하는 주제나 과제를 선정하여 팀 단위로 활동을 한다. 프로젝트학습의 핵심은 학생들이 실제로 의미 있는 활동에 참여하도록 하는 것이며, 팀의 일원으로서 새로운 지식과 정보들을 탐색·적용하여 깊이 있는 학습을 하도록 하는 것이다. 문제중심학습과 프로젝트학습을 비교하면 다음과 같이 유사한 점이 많다.

- 문제중심학습과 프로젝트학습 모두 학생이 중심이 되는 수업이다. 두 가지 접근 모두 그 사상적 뿌리를 Dewey에서 찾고 있다. 이는 학습자 스스로 주체적인 역할을 수행함으로써 지식을 구성하도록 하는 것이다. 교사는 학습이 올바른 방향으로 향할 수 있도록 가이드를 하고, 빈번한 질문을 통해 문제해결을 촉진시키는 코치의 역할을 한다. 문제중심학습과 프로젝트학습에서 주어지는 과제는 학생들이 다양한 방법으로 주도적으로 해결해 나간다.
- 문제중심학습과 프로젝트학습 모두 학생들의 탐구활동이 활발히 일어나는 수업이다. 문제중심학습에서는 문제에 기반을 둔 탐구활동을 통해 학습해야 할 지식을 구성해 가고, 프로젝트수업에서는 과제를 해결하기 위한 자료탐색활동이 주로 이루어진다.
- 문제중심학습과 프로젝트학습 모두 학생들의 학습동기를 유발하고 흥미를 끌기 위한 실제적인 맥락에서의 학습 과제가 주어진다. 문제중심학습에서는 '문제'로, 프로젝트학습에서는 주로 '과제'로 주어진다. 문제중심학습에서 문제상

황의 실제성은 학생들에게 학습의 주인의식을 갖게 하고, 학습동기를 높이게
하는 중요한 요인이 된다. 프로젝트학습에서도 학생들에게 주어지는 과제는 학
생들에게 친숙한 실제적인 맥락에서 제시될 때 의미 있는 학습으로 이어진다.

- 문제중심학습과 프로젝트학습은 모두 탐구과정에서의 협력과 학습공동체를
  통한 상호작용을 중요하게 여긴다. 즉, 학습과정과 관련한 동료 학습자 및 다
  양한 사회 구성원과 함께 탐구공동체로서 상호작용하고 협력하여 문제를 해결
  해 나간다.

이와 같은 유사점들로 인해 두 교육적 접근 간에는 혼란이 야기되기도 한다. 그러
나 두 접근은 다음과 같은 점에서 구별된다.

- 프로젝트학습이 소개된 초기에는 탐구활동의 대상을 교과내용이 아닌 제재
  (topic)에서 찾도록 하였다. 예를 들면, '새들의 먹이' '구름의 모양' 등과 같이 학
  습할 가치가 있는 제재에 대하여 학생들이 스스로 탐구한다는 데 큰 의미를 두
  었다(Katz & Chard, 1993). 한편, 문제중심학습에서는 문제(question or problem)
  가 핵심이고, 문제 안에는 어떤 제재가 포함될 수 있지만 이와 관련된 지식을
  탐구해야만 문제를 해결할 수 있다. 문제 자체는 탐구의 주제가 되고, 스스로
  문제 속에서 찾아낸 역할은 학습자로 하여금 내 문제라는 인식을 갖게 하여 학
  습동기를 높인다.
- 프로젝트학습에서 제재들은 주로 '과제형'으로 제시되는 반면, 문제중심학습은
  문제를 해결해야 하는 당사자의 '역할'과 '상황'이 내재된 문제상황이 제시된다.
  따라서 학습자에게 무엇이 부과되었는지는 문제 안에서 학습자 스스로 발견해
  야 한다. 문제중심학습에서의 문제는 교육과정의 전반을 포함할 수 있는 것으
  로, 학습자는 문제상황에서 문제를 파악하고, 자신에게 주어진 역할을 파악하
  여 해결해야 할 과제를 찾아내야 한다. 반면, 대부분의 경우 프로젝트학습에서
  의 문제는 명확하게 해결할 과제가 주어지기 때문에, 학습자는 주어진 과제를

수행할 일만 남게 된다.

- 프로젝트학습에서는 '프로젝트'라는 용어가 암시하듯이 '최종 산출물'을 얻기 위해 '제재'에 대한 탐구활동이 일어난다. 따라서 산출물이 학습과정에서 학생 활동의 견인차 역할을 한다고 볼 수 있다. 반면, 문제중심학습에서는 학습자가 수업 시작 시에 문제에 직면하도록 하여 이를 스스로 해결하고자 하는 자발적인 동기를 부여한다. 따라서 문제중심학습에서는 학습의 원동력이 산출물보다는 '문제'에 있다(Levin, 2001).

이를 정리하면 프로젝트학습과 문제중심학습의 차이는 그 강조점이 전자는 '제재', 후자는 '문제'라는 점이다. 따라서 전자는 '과제'로, 후자는 '문제상황'으로 그 제시 형태가 다르며, 학습의 견인차 역할을 하는 것이 전자는 '산출물', 후자는 '문제'라고 볼 수 있다. 또한 문제중심학습에서 문제는 비구조화되어 있으므로 그 안에서 해결해야 할 문제나 과제를 찾아내는 것은 학생들의 몫이다.

그러나 프로젝트학습도 최근 연구에서는 '제재'보다는 '실제적인 문제'를 구성요소로서 제시하여 프로젝트중심학습(project-based learning)으로 명명하기도 한다. McNeil(1995)은 프로젝트학습의 제목은 탐구할 문제를 중심으로 진술되어야 하며 제재의 명사적 표현 형식은 곤란하다고 지적하였다. 특히 Blumenfeld 등(1991), Krajcik 등(1994), Penuel(1999) 등도 이전 연구에서 크게 조명하지 않았던 실제적인 문제를 프로젝트학습의 특징으로 언급하고 있다. 따라서 최근에는 프로젝트학습도 PBL로 표기되어 문제중심학습의 PBL과 혼용되고 있다. 그러나 두 방법이 각각 고유의 목적과 본질적 특성이 다르다는 것을 정확히 알고 구분하여 실천할 때 소기의 목적을 달성할 수 있을 것이다.

2. 문제중심학습에서 활용할 수 있는 여러 가지 교수 · 학습방법

문제중심학습에서는 문제해결에 필요한 정보가 모두 주어지지 않은 상태에서 문제를 해결하게 되므로, 문제해결을 위해 알아야 할 것들을 탐구해야 한다. 이러한 탐구과정에서 학생들 스스로가 정보탐색활동도 하지만, 전체 학급을 대상으로 교사가 수업을 진행하는 경우도 많은데, 이러한 탐구과정에서 교사는 여러 가지 교수 · 학습방법을 활용할 수 있다. 교사 중심의 강의법, 직접교수법 및 학생 중심의 탐구활동이 강조되는 개념 형성 모형, 개념 획득 모형, 발견학습 모형, 견학 및 체험학습 등 문제중심학습의 주제에 따라 여러 교수 · 학습방법이 활용될 수 있다. 그중에서 몇 가지 방법에 대해서 소개하기로 한다.

1) 개념 형성 모형

'개념 형성 모형(concept formation model)'이란 학습자의 이전 경험에 기초하여 새로운 정보를 추가하거나 수정하면서 학습자 스스로 개념을 형성하도록 하는 방법이다(Taba et al., 1971). 이 모형은 자료를 수집하고, 조직 및 처리하는 과정을 통해 학생들이 '개념 형성'과 '귀납적인 추론'을 하도록 함을 목적으로 하고 있다. 개념 형성 모형은 학습자의 능동적인 수업 참여로 지식을 구성하고 개발한다는 구성주의적 이론에 입각하여 학생들의 다양한 생각과 경험을 이끌어 내어서 귀납적으로 개념을 형성하도록 한다.

개념 형성 모형은 5단계(Taba et al., 1971)로 이루어진다. 교사는 학습 주제에 관련된 자료를 제시함으로써 활동을 시작하고, 학습자에게 제시된 자료들을 공통의 속성을 가진 그룹으로 분류하도록 한다. 그다음에는 분류의 기준 및 이유를 설명하도록 함으로써 학습자가 자료를 생성하고 조직하며 개념화를 하도록 한다.

과정	설명
1단계	주제 관련 자료 확인 및 열거
2단계	비슷한 항목(공통 속성)별로 그룹 분류
3단계	분류 이유 설명, 그룹 명칭 부여
4단계	그룹별 항목 검토 및 재분류
5단계	자료 요약 및 그룹 정보의 종합

2) 개념 획득 모형

'개념 획득 모형(concept attainment model)'은 다양한 범주의 사례와 비(非)사례들의 속성들을 탐색하게 함으로써 개념을 획득하게 하는 방법(Bruner, Goodnow, & Austin, 1967)이다. 이 모형은 학습자가 이미 경험을 갖고 있는 '개념'에 대해서 좀 더 깊고 정교하게 이해하게 하며, '비판적 사고'를 촉진하기 위한 목적으로 개발된 것이다. 개념 획득 모형에서 교사는 학습자가 개념에 대하여 가설을 제안하고 타인의 의견을 수용하며 수정하고 기각해 가는 활동을 하도록 도움을 주는 역할을 하고, 학습자의 자발적이고 자유로운 생각을 발표하는 학습 분위기를 조성해 주어야 한다.

개념 획득 모형은 3단계로 이루어진다. 교사는 학습 주제와 관련된 개념 명칭을 제시하거나 혹은 제시하지 않은 상태에서 그에 해당하는 예시와 비예시를 제시함으로써 활동을 시작한다. 교사가 생각하는 개념이 무엇일지 학생들은 개념의 특성에 대한 하나의 가설을 설정한다. 다음 단계에서는 교사가 다른 사례들을 제시하고 학생들이 그들을 예시와 비예시로 구분함으로써 가설을 검증해 보게 하고, 교사는 학생들의 가설을 확인해 준다. 그런 다음 학생들이 스스로 개념에 대한 새로운 예시들을 생성해 보도록 한다(Joyce, Weil, & Calhoun, 2011).

과정	설명
1단계	교사가 예시와 비예시 제시, 학생들이 가설 설정 및 정의 진술
2단계	교사가 다른 사례들을 제시하면 학생들이 예시와 비예시로 구분
3단계	가설 검증, 정의 재진술, 학생들이 새로운 예시 생성
4단계	사고전략 분석, 가설과 속성의 역할 토의

3) 안내된 발견학습 모형

'안내된 발견학습(guided-discovery model)'은 Bruner가 학습자 스스로 지식을 발견하도록 하기 위해 개발한 모형으로서(Joyce & Weil, 2011), '개념이나 일반화의 발견'과 '확산적 사고, 수렴적 사고 촉진'에 목적을 두고 있다. 안내된 발견학습에서 교사는 적합한 사례를 제시하고 직접 말해 주기보다는 안내하는 역할을 하여 학습 주제에 대한 이해가 형성되도록 한다. 학습자는 사례 속에서 의미를 찾는 과정을 통해 개념이나 일반화를 찾아내야 한다. 또한 교실은 학생들이 부담 없이 자유롭게 생각하고, 비난에 대한 두려움 없이 의견을 표현할 수 있도록 조성되어야 한다.

안내된 발견학습 모형은 5단계로 이루어진다. 첫 단계에서 교사는 실제 사례들로부터 의미를 구성하는 '확산적 사고'를 촉진한다. 그다음에는 구체적인 학습 목적에 도달하기 위해 학습자들의 사고 범위를 좁히는 '수렴적 사고'를 촉진한다. 다음에는 학습자들이 개념의 특성을 확인하거나 원리, 일반화, 규칙을 설명할 수 있도록 정리를 하며, 새로운 학습을 이전의 학습과 연결하도록 도와서 실제적인 상황에서도 적

과정	설명
1단계	개념이나 일반화를 위한 수업 안내
2단계	사례로부터 의미를 구성하는 확산적 사고 촉진
3단계	학습목표를 위해 사고 범위를 좁혀 가는 수렴적 사고 촉진
4단계	개념의 특성 확인 및 일반화, 원리, 규칙에 대한 정리와 설명
5단계	교실 밖에서의 적용 안내

용할 수 있게 안내한다.

4) 강의-토의 모형

'강의-토의 모형(lecture-discussion model)'은 Ausubel의 유의미 언어학습의 개념에 근거하여 학습자가 '조직화된 지식체계를 이해'하도록 하기 위한 목적으로 고안된 교사 중심의 교수·학습 모형이다(Eggen & Kauchak, 2006). 강의-토의 모형에서는 기본적 개념이나 원리 혹은 지식을 학습자들이 보다 쉽게 이해할 수 있도록 특별한 도입자료인 선행조직자(advance organizers)를 활용하는 것이 바람직하다. '선행조직자'란 새로운 과제를 학습하고자 할 때 이를 학습자가 이미 알고 있는 기존 지식(인지구조)과의 연계성을 갖도록 중간적인 다리 역할을 하는 장치라고 할 수 있다. 이때 선행조직자로 활용될 수 있는 것은 적절한 실례, 비유, 용어, 개념, 명제, 일반화, 원리, 법칙 등이 있는데, 이들을 시청각적으로 자료화하여 제시할 수 있다. 강의-토의 모형에서 교사는 새로운 내용을 학습자의 배경지식에 맞도록 계획하고, 이전에 학습한 지식과 연관시켜 유의미한 학습이 일어나도록 이끌어 가게 한다.

강의-토의 모형은 학생들을 수업으로 끌어들이고 수업의 요점에 대한 개관(선행조직자)을 제공하는 도입으로부터 시작한다. 내용제시 단계에서 교사는 새로운 정보를 제공하고, 그것을 학생들의 인지도식(schema)과 연결시킨다. 그런 다음, 학생들이 새로운 지식을 이해했는지 점검한다. 새로운 학습을 확인한 후에는 이미 학습

과정	설명
1단계	도입: 주의집중, 학습목표 확인, 개관(선행조직자) 제공
2단계	수업내용 제시
3단계	교사의 질문으로 학습자의 이해 점검
4단계	이전 학습과 새로운 학습을 연결
5단계	정리와 결말: 주제 요약, 통합

했던 내용과도 연결시킨다. 마지막으로 정리와 종결 단계에서는 학생들의 지식을 전체적으로 통합시킨다.

5) 역할놀이

'역할놀이(role playing)'는 Shaftel과 Shaftel(1967)이 개발한 모형으로, 갈등 상황을 제시하고 학습자가 직접 역할을 담당하여 연기를 해 보게 함으로써 자신과 타인의 가치 탐색을 하도록 하는 방법이다. 이 모형의 목적은 '태도, 가치, 감정에 관한 통찰력'을 기르고, '문제해결 기술 및 가치 발달'에 도움을 주도록 하는 것이다. 학습자는 역할놀이를 통해서 타인의 입장을 이해할 수 있고, 타인과의 상호작용을 통해 각 과목에 관련된 문제도 다양한 방법으로 탐색할 수 있다. 교사는 학습자가 문제상황을 다양한 측면에서 탐구하여 다른 관점을 인식하고 비교하도록 도와주며, 수업활동을 시작하고 각 단계를 이끌어 갈 책임을 가지고 있다.

수업 절차를 살펴보면, 가치관이 개입된 갈등 상황을 문제로 제시해 주고, 문제상황 속에 등장하는 주요 인물이 누구이며 누가 그 역할을 담당하고 싶은지 학습자에게 선택하도록 하고, 간단하게 필요한 무대를 설치한다. 역할을 맡지 않은 학습자들도 방관자가 아닌 적극적인 참여자 역할을 하도록 준비시킨다. 그런 다음 참여자들이 연기를 하도록 하고, 왜 그렇게 행동했는가를 질문함으로써 각 개인의 가치를 밝히도록 한다. 이어서, 청중들은 토의를 하게 하고, 연기자들이 역할을 바꾸어서 다시 연기를 해 보거나 다른 참여자들에게도 연기를 해 보도록 할 수 있다. 다른 연기자들도 왜 그렇게 했는지 설명하고 나서 또다시 토의가 이루어진 다음, 전체적으로 서로 경험을 나누게 하면서, 가치관에 따라 같은 문제에 대한 의사결정과 행동이 달라질 수 있다는 것을 깨닫게 한다.

과정	설명
1단계	문제상황 소개
2단계	역할 결정 및 참여자 선정
3단계	무대 설치
4단계	관찰자 준비
5단계	참여자들의 연기
6단계	토의 및 평가(왜 그렇게 행동했나?)
7단계	재(再)연기(역할을 바꿈/다른 참여자들도 연기를 해 보게 함)
8단계	토의 및 평가
9단계	경험 나누며 일반화하기

6) 확산적 사고 기법

확산적 사고 기법은 주로 문제발견 또는 문제해결책 생성 단계에서 필요한 다양한 아이디어를 찾아내기 위해 사용하는데, '브레인스토밍' '브레인라이팅' 등이 있다(조연순 외, 2008).

(1) 브레인스토밍

'브레인스토밍(brainstorming)'은 어떤 특정 문제나 주제에 대하여 창의적인 아이디어를 쉽게 내기 위해 개발된 방법으로 '상상력과 융통성' 그리고 '토론의 기술'을 강화시킬 수 있다. 거의 모든 주제에 대해 편리하게 이용될 수 있으므로 문제발견 및 문제해결을 이끌어 내는 데 효과적이다.

브레인스토밍을 사용하기 위해서는 어떠한 판단이든 보류하여야 하고, 타인의 의견에 대하여 비판을 해서는 안 된다. 자유롭게 토론을 하도록 하며, 모든 아이디어 표현이 허용된다. 질보다 양이 우선시되어 많은 아이디어 산출을 유도할 뿐만 아니라 아이디어의 결합과 개선을 통해 새로운 아이디어가 생성될 수 있도록 이끌어 간다. 브레인스토밍은 모든 권위나 고정관념을 배제하고, 수용적이면서 온화한 분위기 속에서 가능한 한 많은 아이디어를 말하도록 하여 그중에서 좋은 아이디어를 찾는 단계로 이루어진다.

과정	설명
1단계	그룹 구성
2단계	그룹의 리더와 기록자 선정
3단계	워밍업(warming up): 기본규칙, 진행방법 설명
4단계	아이디어 산출: 많은 아이디어 산출 유도
5단계	아이디어 평가하기: 그룹별로 선택한 아이디어 발표, 평가
6단계	아이디어 선정: 실현 가능성이 높고, 새롭고, 기발한 아이디어 선정
7단계	문제해결: 주어진 주제 또는 문제해결을 위한 구체화 · 정교화

(2) 브레인라이팅

'브레인라이팅(brainwriting)'은 침묵을 지키며 진행하는 그룹발상 기법으로서 말로 표현하는 브레인스토밍과는 달리 글로 쓰면서 진행하는 방법이다. 동일한 시간에 보다 '많은 아이디어'를 생성하기 위한 목적을 갖고 있다. 다른 사람으로 인해 자신의 아이디어가 방해 받거나 평가 받지 않아서 내성적 구성원의 생각을 표현하기에 적합하고, 많은 사람이 있어도 사용 가능하며, 아이디어 생성의 흐름을 지속시킬 수 있다.

브레인라이팅에서 교사는 학생들을 모둠으로 나누고 이 기법이 잘 진행되도록 필요한 것들을 준비하며, 수업의 진행이 잘되도록 도와주는 보조자의 역할을 한다. 학습자는 수업을 주도하며, 떠오르는 자신의 생각들을 즉시 적어 내려가야 한다. 또한 같은 모둠원들 간의 상호작용도 중요하다. 주제가 적힌 종이를 나누어 주어 학습자가 그 주제에 대해 떠오르는 생각들을 적고, 옆 사람에게 넘겨주면 다른 사람들이 적은 것을 보면서 또 떠오르는 생각을 적을 수 있어 학습자 간의 상호작용이 일어나며, 기발한 아이디어도 창출할 수 있다. 브레인라이팅의 아이디어 산출과정은 6, 3, 5기법이 가장 많이 이루어지는데, 이는 6명이 참가하여 아이디어를 3개씩 생각해 5분

내에 기입하는 방법이다.

과정	설명
1단계	브레인라이팅 용지를 배급
2단계	용지에 3개까지의 아이디어를 적은 뒤 제출(작성시간은 5분 이내)
3단계	다른 사람이 제출한 용지 선택
4단계	3개의 아이디어 기록(기존의 아이디어를 수정 또는 새로운 제안)
5단계	아이디어의 평가 및 문제해결

7) 수렴적 사고 기법

수렴적 사고 기법은 주로 해결책을 결정하는 단계에서 아이디어를 수정하거나 분석, 평가를 하기 위해 사용한다. 아이디어들 중에서 중요한 것들을 찾아내 그것들을 분류함으로써 새로운 아이디어를 찾아내게 하는 기법에는 '하이라이팅'이 있고, 브레인스토밍을 통해 생성된 아이디어들을 비판하는 기법에는 '역브레인스토밍' 등이 있다(조연순 외, 2008).

(1) 하이라이팅

'하이라이팅(highlighting)'이란 다양한 아이디어 중 적절한 것들을 선정한 후 관련된 것끼리 묶어 보게 하는 방식이다. 이 기법은 문제해결을 위한 대안들을 분류하도록 하는 데 목적을 갖고 있다. 하이라이팅 기법은 아이디어를 평가하고 선택하여 해결책을 찾는 간단하면서도 효과적인 방법이다. 따라서 교사는 학습자가 수렴적 사고를 통하여 새로운 아이디어들을 정리, 판단, 선택하거나, 우선순위를 결정하도록 도와주어야 한다.

수업 절차를 살펴보면, 확산적 사고에 의해 생성된 많은 대안 중에서 직관에 따라 그럴듯해 보이는 '히트(hits) 아이디어'들을 선정한 다음, 이들을 어떤 공통 측면이나 요소에 따라 집단으로 만들어서 '핫 스팟(hot spot)'을 찾는다. 핫 스팟은 밑바탕에

깔려 있어 분명하지 않은 '핵심 문제'들을 확인해 내는 데 매우 유용하게 사용될 수 있으므로, '핫 스팟'을 문제해결에 적합한 형태로 재진술하도록 한다.

과정	설명
1단계	히트 아이디어 선정하기
2단계	핫 스팟 찾기
3단계	각 핫 스팟에 대해 진술하기
4단계	해결책 찾기

(2) 역브레인스토밍

'역브레인스토밍(reverse brainstorming)'은 아이디어의 약점들을 가능한 한 많이 밝혀서 고치는 방법을 생각해 보게 하는 기법이다. 이 기법의 목적은 '생성해 놓은 아이디어'에 대해 많은 양의 자유분방한 '비판'을 생성해 내기 위한 것이다. 이 기법은 건설적인 비판으로 이루어져야 하며, 기존의 아이디어 등에 대해 제시된 결점을 고려하여 해결방법을 찾는다. 교사는 아이디어가 가질 수 있는 약점들을 학습자가 가능한 한 모두 발견할 수 있도록 하며, 그 아이디어가 실행될 때 잘못될 수 있는 것이 무엇인지도 예상해 보도록 한다.

수업 절차를 살펴보면, 문제와 목표가 무엇이었는지 확인하여 이미 생성된 아이디어들이 그 문제와 목표에 적절한 것인지를 하나하나 비판적으로 평가한 다음, 가장 적절한 해결책(들)을 선정하여 그에 따른 실천 계획을 세워 나간다. 브레인스토밍의 경우는 현실성이 없는 아이디어라도 많이 제출하고 수용하였지만, 역브레인

과정	설명
1단계	목표와 문제 확인하기
2단계	아이디어에 대한 비판 생성하기
3단계	해결책 선정하기
4단계	실천 계획 세우기

스토밍에서는 현실적인 결점을 지적하고 해결방법을 찾도록 하는 데 중점을 두어야 한다.

8) 협동학습 모형

'협동학습(cooperative learning)'이란 학습자의 공동목표 달성을 위해서 협동적으로 학습하게 하는 교수 · 학습 모형으로서 '학습자의 참여'를 증대시키고, 리더십과 집단의 의사결정을 경험하게 함으로써 '협동 능력'과 '인간관계 기술'을 개발시키도록 하는 목적을 갖고 있다. 교사는 학습자가 자신의 학습에 대한 책임을 가지고, 집단의 구성원으로 능동적으로 참여하여 설명, 타협, 협상하는 것을 배울 수 있도록 이끌어 간다. 협동학습의 모형에는 대표적으로 '집단탐구'와 '직소우 II(Jigsaw II)' 모형이 있다.

집단탐구는 Thelen(1960)에 의해 개발된 모형으로서 특별한 과제나 주제를 집단으로 탐구하게 하는 협동학습의 가장 기본적이고 많이 활용되는 모형이다. 집단탐구를 통한 수업은 수업에 대한 절차 및 방법을 소개하고 관심 있는 주제별로 그룹을 조직하여 그룹 간의 관심분야에 대한 대화를 통해 친목을 다지도록 하고 과제를 제시하여 집단 조사를 시작하도록 한다. 그리고 자료들을 수집 및 처리하여 그룹별로 교사의 검토를 받고, 결과를 발표하도록 한다.

과정	설명
1단계	수업 절차 및 방법 소개
2단계	그룹 조직
3단계	그룹의 친목 다지기
4단계	과제제시 및 그룹별 조사 시작
5단계	자료 수집 및 교사의 관찰, 검토
6단계	결과 발표

　　직소우 II 모형은 Slavin(1983)에 의해 개발된 모형으로서 각 모둠의 개별 학습자가 '특정 주제의 하위 부분에 대해 전문가'가 되어 다른 모둠원에게 그 내용을 가르쳐 주는 대표적인 협동학습 모형이다. 수업은 학습 내용 및 방법, 절차를 소개하면서 시작되고 모둠을 조직하여 모둠별로 과제를 선택하게 하거나 나누도록 한다. 그 후에 각 모둠별로 같은 분야를 맡은 학생들이 각각 탐구 및 조사를 한 다음, 전문가별로 함께 모여서 중요한 정보를 공유한다. 그런 다음에는 본래의 자기 모둠으로 돌아가 모둠원에게 정보 내용을 가르쳐 주는 단계로 구성이 된다. 마지막에는 조사한 내용을 발표하고 평가 및 피드백의 단계로 마무리한다.

과정	설명
1단계	수업 내용, 방법, 절차 소개
2단계	모둠 조직 및 과제 선택/분배
3단계	과제 조사 및 전문가별 모임
4단계	자신이 속한 모둠에 보고
5단계	모둠별 조사내용 발표
6단계	평가 및 피드백

요약

문제중심학습과 다른 유사한 교수전략들을 목적에 비추어서 비교하면 다음과 같다.

- **문제해결학습과의 비교:** 문제해결학습의 목적은 배운 내용을 적용하여 문제를 해결하는 데 있고, 문제중심학습은 문제로부터 학습이 시작되고 역할이 부여되어 학습의 주도권이 학습자에게 있다.
- **액션러닝과의 비교:** 액션러닝에서는 기업에서의 업무역량을 기르는 것에 목적을 두고 있어서 주로 배운 지식을 활용하도록 하는 반면, 문제중심학습에서는 문제해결 과정에서 지식을 탐구하고 창의적 문제해결력을 기르도록 하는 데 목적이 있다.
- **프로젝트학습과의 비교:** 프로젝트학습에서는 제재에 대한 최종 산출물에 비중을 두는 반면, 문제중심학습에서는 최종 산출물보다는 학습자 스스로 문제를 발견하고 해결해 가는 과정에서의 학습에 비중을 둔다.

문제중심학습 과정 속에서(특히 탐색단계에서) **활용이 가능한 여러 가지 교수 · 학습방법**을 다음과 같이 소개하였다.

- **개념 형성 모형:** 귀납적 추론을 통해 학습자 스스로 개념을 형성해 가도록 함
- **개념 획득 모형:** 비판적 사고를 통해 가설검증을 해 나감
- **안내된 발견학습 모형:** 확산적 · 수렴적 사고를 통해 개념이나 일반화를 발견하게 함
- **강의–토의 모형:** 선행조직자를 사용하여 학습자의 기존 지식과 연관 지어 줌
- **역할놀이:** 여러 가지 입장의 역할을 연기하고 토의해 보게 함으로써 가치를 탐색하도록 함
- **확산적 사고 기법:** 사고의 폭을 넓힘으로써 창의적 아이디어를 창출하게 함(브레인스토밍, 브레인라이팅)
- **수렴적 사고 기법:** 사고의 범위를 좁힘으로써 아이디어를 분석 · 수정 · 평가하도록 함(하이라이팅, 역브레인스토밍)
- **협동학습 모형:** 동료들과의 협력을 강조함으로써 협동 능력과 인간관계 기술을 길러 줌(집단탐구, 직소우 II 모형)

제2부

문제중심학습의 설계

문제중심학습의 전체 과정은 '문제개발'과 '교수·학습'의 두 부분으로 나뉜다.

문제개발은 교육과정과 관련 있는 영역으로 '무엇을 배우게 할 것인가'를 문제 속에 담아내는 과정이고, **교수·학습**은 수업과 관련 있는 영역으로 문제 제시부터 시작하여 '수업을 어떻게 진행해 나갈 것인가'를 계획하고 실천하는 과정이다.

제1부의 이론을 근거로 하여 제2부에서는 **문제개발과 교수·학습 설계를 위한 모형과 절차**를 제시하고자 한다.

제4장

문제는 어떻게 개발하는가

문제중심학습을 설계할 때 가장 먼저 생각해야 할 것은 '문제를 어떻게 개발할 것인가?'이다. 실제로 문제개발은 문제중심학습을 성공적으로 이끄는 열쇠라고 할 수 있다.

문제를 잘 개발하기 위해서는, 우선 '문제는 어떤 것이어야 하는가?'에서 출발하여 '문제를 어떻게 개발할 것인가?'에 대해서 고려해야 할 것이다. 이를 위해 제4장에서는 먼저 '문제의 특성과 유형'에 대해 설명하고, 이어서 '문제개발 절차와 방법'을 구체적으로 다루고자 한다.

1. 문제의 특성과 유형

문제중심학습에서 문제가 차지하는 중요성은 아무리 강조해도 지나치지 않다. 그러므로 문제중심학습에 적합한 문제를 개발 또는 선택하기 위해서는, 먼저 문제중심학습의 문제는 어떤 특성을 갖고 있는지부터 알아야 한다. 이제부터 문제중심학습에서 활용되는 문제의 특성과 유형에 대해 살펴보기로 한다.

1) 문제중심학습에서 활용되는 문제의 특성

문제중심학습에서의 문제는 일반적인 문제해결학습에서 제시되는 문제와 다르게 다음과 같은 특성을 갖는다.

(1) 비구조화된 문제

문제해결에 대한 일반적인 실험실 연구의 상황을 보면, 우선 잘 구조화된 문제를 피험자들에게 제시하는 것으로 시작한다. 그러나 실생활에서 부딪히는 문제들은 잘 구조화되어 있지 않으며, 해결해야 할 문제가 무엇인지를 발견하는 것에서 시작해야 하는 경우가 많다. 그래서 문제의 본질을 연구하는 여러 이론가와 연구자들은 문제의 유형을 구분하여야 할 필요성을 강조하였고, 문제의 유형이 결국 창의적인 해결책의 생성 가능성에 영향을 준다고 하였다(Csikszentmihalyi & Getzels, 1971).

일상적인 문제해결과 구분하여 창의적 문제해결을 요구하는 '문제 유형의 특성'은 다음과 같다.

- 잘 정의되지 않은 문제로 해결책에 대해 다양한 접근이 가능하다.
- 새로운 해결책을 요하는 문제로 자원과 지식 및 정보처리에 있어서 융통성이 필요하다.

- 다양한 단서를 제시하는 복합적인 문제이기 때문에 하나의 정답이 아니라 여러 가지 대안적 해결책을 허용한다.
- 많은 노력을 요하는 문제로 발견된 해결책을 발전시키고 다듬기 위해 여러 가지 문제해결 활동의 순환을 요구한다(Mumford & Gustafson, 1988).

창의적 문제해결이 가능하도록 하는 이러한 문제의 특성은 비구조화된 실생활 맥락을 제시하는 문제중심학습의 문제 특성과 일치한다고 해도 과언이 아니다.

이러한 비구조화된 문제의 필요성에 대해서 Gallagher 등(1995)은 전통적 교실에서 학생들이 문제를 해결할 때는 모든 정보를 배운 후에 마지막에 문제에 직면하므로 문제는 항상 필요한 정보가 가능한 상황에서만 생기는 듯한 인상을 주는데, 학습이 실생활의 문제해결에 반영되기 위해서는 잘 정의되지 않은 문제로 시작해야 한다고 강조한다. Lipman(1991)도 학생들이 학습내용을 완전한 것이라고 느낄 때에는 주어진 정보를 넘어설 필요를 느끼지 못하는 반면, 정보가 부분적이고 의문이 생기는 경우에는 그것을 완성하고 해결하고자 하므로 비구조화된 문제가 필요함을 주장하였다.

(2) 실제적인 문제

실제적인(authentic) 문제란 현실 상황 및 실세계를 바탕으로 하는 문제, 즉 현실 세계에서 일어날 가능성이 높은 상황이 존재하고, 이 상황 안에 문제를 둘러싼 구체적이고 실질적인 자료와 정보를 포함하고 있는 문제이다. 이러한 현실의 문제는 본질적으로 혼란스럽고 복잡하며(IMSA, 2001), 앞서 언급하였던 비구조적 특성을 갖기 때문에 문제의 실제성(authenticity)과 비구조성은 필요충분조건의 밀접한 관계를 갖는다고 볼 수 있다.

이러한 실제적인 문제는 잡지, 신문기사 및 칼럼, 텔레비전 프로그램, 영화, 책 등과 같은 우리 주변의 수많은 원천에서 찾을 수 있고, 결정을 내려야 하는 문제나 논쟁이 되는 정책 또는 해결을 필요로 하는 이슈 등에서 주로 발생한다. 이러한 실제적인 문제의 제시는 학습자에게 '왜 우리가 이 정보를 알아야 하는가?' '우리가 학교에서 배우는 것들이 실생활과 어떤 관계가 있는가?' 등과 같은 물음에 대한 답을 줄 수 있다(Torp & Sage, 2002).

(3) 학습자를 고려한 문제

문제중심학습에서 학습자에게는 문제에 직면한 당사자로서 상황과 역할이 주어지는데, 이는 학습자를 능동적인 문제해결자 또는 자기주도적인 학습자가 되게 한다(Torp & Sage, 2002). 이렇게 학습상황에 학습자를 적극적으로 참여시키기 위해서는 문제개발에서 학습자에 대한 이해가 필수적이다. 문제개발 시 '학습자는 무엇에 관심과 흥미를 갖는가?' '학습자는 문제의 해결이나 탐구를 위해 어느 정도 능력을 갖추고 있는가?' '이러한 해결과 탐구의 과정에 요구되는 지식은 얼마나 가지고 있는가?' '학습자의 관점에서 갖는 가치는 무엇인가?' '학습자들은 가치판단을 어느 정도 수준으로 할 수 있는가?' '학습자에게 실제적으로 도움을 주는 것은 무엇인가?' 등 학습자와 관련된 인지적 · 정의적 · 신체적 발달의 다양한 측면을 고려해야만 한다. 다시 말해서, '문제가 학습자의 경험에 기초한 것인가?' '발달적으로 적합한 것인가?'를 판단해야 한다.

(4) 교육과정에 기초한 문제

문제중심학습에 대한 주요 비판 중의 하나는, 학생들이 문제를 푸는 데 몰두하고 있는 동안 그들이 교육과정의 주요 내용을 놓칠 가능성이 있다는 것이다. 그러나 연구에 몰두하면서 길러지는 사고의 깊이가 중요한지, 아니면 다량의 무의미한 단편적 지식 습득이 중요한지는 전문적인 가치판단의 문제이다. 그렇다고 문제중심학습을 적용한다는 것이 교육과정의 내용을 배제함을 의미하지는 않는다. 교육과정이란 교과 전문 집단에 의해서 그 학년 단계에 적절한 내용과 기술에 대해 합의된 것이다. 따라서 학생들이 문제를 해결하면서 교육과정에서 추구하는 개념적 · 기능적 · 태도적 목표를 달성하도록 고려하는 것은 문제중심학습에서 중요한 일이다. 다시 말해, 좋은 문제란 교육과정의 목표 및 주요 내용과 관련성을 갖는 것이어야 한다(Delisle, 1997; Levin, Dean, & Pierce, 2001).

이 책에서는 제1부의 '지식관'에서 논의했듯이, 기존 지식의 존재 자체를 부정하는 사회학적 구성주의가 아닌 학습자의 내부에서 지식이 구성되어 간다는 심리학적 구성주의 입장을 따르고자 한다. 다시 말해, 교육과정에 기초한다는 입장은 객관적 지식의 실체를 인정한다는 의미임을 밝힌다.

Sockalingam과 Schmidt(2011)는 '학생들의 입장에서 문제중심학습의 문제 특성'에 관해서 연구하였는데, 이 연구에서 지적된 문제의 특성들을 정리하여 요약하면 다음과 같다.

■ 문제는 의도된 학습 주제로 이끌어 갈 수 있어야 한다.
  • 문제 진술 안에 문제에 관한 힌트가 될 수 있는 주제어가 포함되어 있어야 한다.
  • 문제는 비판적 사고력을 자극시킬 수 있어야 한다.

■ 문제는 학생들의 흥미를 유발시킬 수 있어야 한다.
  • 학생들의 일상생활과의 관련성을 고려해야 한다.
  • 문제는 학생들의 사전 지식과 관련지을 수 있어야 한다.
  • 문제는 학생들의 자기주도적 학습을 촉진시킬 수 있어야 한다.

■ 문제에서 문장의 길이나 단어 사용 등과 같은 형식이 적절해야 한다.
  • 문장이 너무 길면 학생들이 혼란스러워한다.
  • 문제는 명확성과 난이도가 적절해야 한다.

■ 문제는 학습 이후의 실제 상황에 적용 가능성이 있어야 한다.
  • 문제는 학생들의 문제해결력을 신장시킬 수 있어야 한다.
  • 문제는 학생들의 팀워크를 촉진시킬 수 있어야 한다.

2) 구조화의 정도에 따른 문제의 유형

사람들이 접하게 되는 문제상황은 다양하므로 어떤 문제상황은 매우 구조화되어 있고, 어떤 문제상황은 개방적이거나 전혀 구조화되어 있지 않다. 일부 인지과학자들은 문제를 구분할 때, 잘 구조화된(well-structured) 상황과 비구조화된(ill-structured) 상황으로 구분하기도 하고(Frederikson, 1984; Simon, 1973), 잘 정의된(well-defined) 혹은 잘 정의되지 않은(ill-defined) 문제로 구분하기도 한다(Sternberg, 1982). 또는 문제상황을 명확하게 '구조적이다' 또는 '아니다'라고 이분법적으로 구분하는 것에 무리가 있음을 지적하고, 문제상황을 구조화 정도에 따라 '잘 구조화된(well-structured)' '중간 수준으로 구조화된(moderately structured)' '비구조화된(ill-structured)' 등 세 가지로 구분하기도 한다(Dillon, 1982; Getzels, 1987; Jay & Perkins, 1997).

구조화되거나 잘 정의된 문제상황일수록 문제가 분명하게 진술되어 있고, 문제해결을 위한 표준화된 절차나 방법이 알려져 있거나 주어져 있으며, 문제해결책을 검증하기 위한 효율적인 방법이 존재한다. 즉, 구조화된 문제는 교과서의 연습문제에 나오는 문제처럼 교육현장에서 쉽게 접할 수 있는 문제로, 학습자가 무엇이 문제이고 어떠한 조건들이 만족되어야 하는지를 쉽게 파악할 수 있다. 반면에 비구조화되거나 잘 정의되지 않은 문제상황일수록 문제가 분명하게 형성되어 있지 않고, 올바른 해결책을 보장하는 절차와 평가하는 방법이 알려져 있지 않다. 즉, 문제를 처음 보고 무엇이 문제이며, 어떤 조건들이 충족되어야 하는지를 파악하기가 어렵다. 또한 문제해결 방식이 다양하며, 어떠한 일반적인 원리와 규칙이 적용되어야 하는지, 어떠한 수단과 단계로 문제를 해결할 수 있는지가 불명확하다(Hung, 1998; Jonassen, 1997).

많은 연구자는 진정한 문제중심학습에는 잘 정의되지 않고, 해결되지 않은 상황이 존재하는 비구조화된 문제가 필요하다고 하였다(Barrows, 1992; Delisle, 1997; Fogarty, 1997; Gallagher et al., 1995; Levin, Dean, & Pierce, 2001). 또한 Barrows(1992)

는 비구조화된 문제란 접근하는 방식이나 학습자의 수준과 노력에 따라 도출되는 결론이나 해결안의 수준, 질 등이 결정될 수 있는 문제라고 보았다.

비구조화된 문제의 특성을 종합하면 다음과 같다(Stepien, 2002).

- 처음 문제를 접했을 때 복잡하여 완전히 이해되지 않을 수 있다.
- 문제를 규명해 가면서 점차 문제의 본질이 바뀔 수 있다.
- 단순한 공식에 의해 해결될 수 없다.
- 문제의 적절한 해결을 위해 주의 깊은 사고를 요한다.
- 한 가지 정답을 갖기가 어렵다.

문제가 비구조적이라는 점은 문제중심학습의 특징 중 하나이다. 따라서 교과서의 연습문제나 퀴즈문제와 같이 즉각적이고 쉽게 그리고 직접적으로 해결할 수 있는 문제는 문제중심학습의 문제로는 적절하지 않다.

다음의 문제 사례를 비교해 보자(〈사례 4-1〉 참조).

〈사례 4-1〉

구조화된 문제 사례

삼식이는 삼순이와 절친한 친구입니다. 삼순이가 뚱뚱한 몸매로 고민하는 반면, 삼식이는 깡마르고 허약한 몸에 불평이 많습니다. 오늘 오후 이 친구들은 영양사인 당신을 찾아왔습니다. 다음 주에 다시 찾아오기로 한 삼순이와 삼식이에게 식이요법에 대한 도움을 주어야 합니다. 우선, 이 친구들에게 식품 피라미드를 활용하여 도움을 주기로 하였습니다. 식품 피라미드란 그림과 같이 피라미드의 맨 윗부분에 적게 먹어야 할 식품을 나타내고 탑의 아래쪽으로 갈수록 식사에서 많은 부분을 차지하는 식품을 나타낸 것입니다.

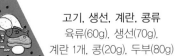

유지, 견과 및 당류
가능한 한 적게 사용

우유 및 유제품
우유 1컵, 치즈 2장, 요구르트 1컵,
아이스크림 1/2컵

고기, 생선, 계란, 콩류
육류(60g), 생선(70g),
계란 1개, 콩(20g), 두부(80g)

채소류
생야채(60g), 김치(60g)

과일류
과일(100g),
과일주스(1/2컵)

곡류 및 전분류
밥 1공기(210g),
국수 1대접(건면 90g),
식빵 3쪽(100g),

당신의 책상 위에는 담임선생님으로부터 받은 두 학생에 대한 다음과 같은 기록이
놓여 있습니다.

상담 노트	상담 노트
• 이름: 김삼식(남) • 나이: 11년 9개월 • 키: 140cm • 몸무게: 30kg • 문제: 몸무게, 체력성장이 느림. 형은 같은 학교 축구선수. 형처럼 되고 싶어 함. • 식습관: 잘 먹지 않음. 매일 아침 6:45에 등교. 버스를 타고 등교함. 학교에서 모범생이며 방과 후 단소와 수영, 태권도를 배움 • 취미: 없음 • 좋아하는 음식: 요구르트, 과일, 떡	• 이름: 김삼순(여) • 나이: 11년 2개월 • 키: 145cm • 몸무게: 60kg • 문제: 비만, 교실에서 항상 지치고, 졸림 • 식습관: 혼자서 아침을 먹고, 점심은 학교 급식, 저녁은 가족과 함께함. 학교에 과자를 가지고 오고, 학교 끝나면 패스트푸드를 주로 먹음 • 취미: 음악감상, 인터넷, 전자오락 • 좋아하는 음식: 프라이드치킨, 피자, 팝콘, 햄버거, 라면, 구운 감자 등

영양사로서 식품 피라미드를 활용하여 이 친구들에게 어떤 충고를 해야 할까요?

출처: 조연순(2006), p. 28.

〈사례 4-2〉

비구조화된 문제 사례

저는 점심식사를 담당하고 있는 영양사입니다. 이렇게 여러분에게 편지를 보내게 된 이유는 지난번에 했던 건강검진 결과 때문입니다. 우리 학교 10~20%의 학생이 비만으로 판정되었으며, 해마다 그 비율이 증가하고 있습니다.

그래서 이번 기회에 비만을 예방하고, 학생들이 건강하게 자랄 수 있는 점심식단을 새롭게 짜야겠다는 생각을 했어요. 그런데 여러분의 생각을 참고하면 훨씬 더 맛있는 식단을 짤 수 있을 것 같아 여러분에게 도움을 구할까 합니다.

식단을 계획할 때, 비만 학생이 생기지 않도록 균형 있는 영양소가 들어간 맛있는 식단을 만들었으면 합니다. 이런 것들을 잘 생각해서 건강하고 맛있는 일주일분의 식단을 계획해 보세요. 다음 달 식단은 여러분의 생각을 반영하여 구성할 계획입니다. 여러분의 멋진 식단을 기대합니다.

20××. ×. ×.

영양사 선생님 ○○○

출처: 조연순(2006), p. 30.

두 사례 모두 비만문제를 해결하기 위해서 식품의 영양소와 그것이 우리 몸에서 하는 역할에 대한 내용을 학습하도록 하는 것이다. 그러나 〈사례 4-1〉에서는 문제해결을 위해 필요한 정보가 거의 주어졌고, 그것들을 활용하여 문제해결을 할 것을 요구하고 있다. 따라서 〈사례 4-1〉은 각 영양소의 종류와 기능, 각 영양소를 함유하고 있는 식품에 대한 학습이 이루어진 후 단원의 뒷부분에 제시할 수 있는 문제해결학습에 적절한 '구조화된 문제'라고 할 수 있다. 반면, 〈사례 4-2〉는 영양소의 종류와 기능, 각 영양소를 포함하고 있는 식품에 대해 학습자가 스스로 찾아서 해결하도록 하는 문제이다. 따라서 〈사례 4-2〉는 수업 시작 시 제시하여 문제해결을 위해 필요한 내용들을 학습하도록 하기에 적합한데, 바로 문제중심학습에서 필요로 하는 '비구조화된 문제'의 예라고 할 수 있다.

문제중심학습은 이러한 비구조화된 문제를 기반으로 하되 학습자의 수준이나 경험에 따라서 교사가 '구조화의 정도'를 판단하여 조절해야 한다. 학습자가 어린 경우에는 비구조화의 정도가 심하면 문제가 무엇을 요구하는지를 전혀 파악하지 못할 수도 있다. 실생활과 유사하기는 하더라도 학습을 목적으로 하는 문제중심학습에서의 문제는 문제해결을 위해 탐색해야 할 내용들이 무엇인지에 대해 암시를 줄수 있어야 하며, 해결방법은 열려 있어야 한다.

Jonassen과 Hung(2008)은 여러 연구를 정리하여 문제중심학습 문제의 구조화, 복잡성, 실제성 등에 관해 다음과 같은 일반적인 원칙을 제시하였다.

◼ 개방적이고 비구조화되어야 하지만
  • 적절한 수준의 구조화가 필요하다.

◼ 복잡해야 하지만 복잡성의 정도는
  • 학생들에게 도전감을 주고 동기를 유발시키며 흥미를 유지하게 할 수 있어야 한다.
  • 학생들로 하여금 다양한 영역과 관점에서 문제를 탐색할 수 있도록 이끌어 주어야 한다.
  • 학생들의 사전 지식과 경험에 적합해야 한다.
  • 학생들의 지적 발달과 준비도에 적합해야 한다.

◼ 실제성을 갖고 있어서
  • 학생들의 장래 혹은 잠정적인 직업을 고려하여 현실적 맥락에서 제시해야 한다.

2. 문제개발 절차 및 방법

문제중심학습에서는 문제를 수업 이전에 개발하여야 한다. '문제개발'이란 교사가 '문제와 관련하여 계획하는 모든 활동, 즉 아이디어 도출에서부터 학생들에게 제시할 형태로 문제를 작성하기까지의 일련의 과정'이라고 볼 수 있다.

Delisle(1997)은 문제중심학습 '문제'의 요소로서 적절한 내용, 학생의 경험, 교육과정 등을 제시하였다. 또한 Sage(2003)는 문제중심학습 설계의 요소로 학습자 특성, 교육과정, 문제 발견 및 선택, 문제지도, 역할과 상황, 문제 제시 방법, 학생들의 문제 이해 수준에 대한 예상, 평가, 수업안, 학습자료 등을 추출하였다. Hung(2006)은 핵심요소(core components)와 과정요소(processing components)로 구분하고 각 요소 안에 세 가지 구성요소가 포함되는 3C3R의 모형을 제안하였다. 이 모형은 '핵심요소'에는 지식 내용(contents)과 그 지식이 적용되는 상황(context), 그리고 내용과 상황 사이의 연결, 개념과 개념 간의 연결(connection)이 포함되어야 함을 의미하며, '과정요소'에는 학생들의 입장에서 연구(researching), 추론(reasoning), 성찰(reflecting)의 요소들이 포함되어야 함을 의미한다.

조연순 등(2003)의 연구에서는 문제중심학습에서 문제의 요소로 교육과정, 학습자 특성, 잠정적 문제선정과 문제지도, 역할과 상황 설정, 문제(시나리오) 작성의 다섯 가지 요소를 추출하였다. 이제부터는 이 연구에서 제시한 다섯 가지 요소가 무엇인지 설명하고, 그 요소들을 단계로 하여 실제적인 문제개발 절차를 안내하고자 한다. 교사의 머릿속에서 즉흥적으로 떠오르는 문제로부터 시작하기도 하지만, 각 단계를 거쳐서 문제를 개발할 때 성공적인 문제중심학습 수업이 가능하다. 교사가 각 단계에서 무엇을 어떻게 준비해야 할지를 최근 관심 대상이 되고 있는 '지진' 문제를 중심으로 하여 구체적으로 설명하고자 한다.

1) 교육과정 고려하기

문제중심학습에서의 문제는 학생들이 달성해야 할 교육 목표 및 내용을 포함해야 하기 때문에 교육과정에 대한 파악이 가장 먼저 이루어져야 한다.

2015 개정 교육과정에서는 '화산과 지진' 단원의 총괄적 목표로 "화산활동과 지진이 인명과 재산에 피해를 주는 등 사람들에게 많은 영향을 미친다는 것을 이해함으로써 화산과 지진에 대해 관심을 가지고 탐구하려는 태도를 갖도록 한다."로 설정되어 있다. 이를 위해 핵심개념, 일반화된 지식, 내용요소로 구분하여 기본 골격을 제시한 것을 보면 〈표 4-1〉과 같다.

〈표 4-1〉 **2015 개정 교육과정 내용체계**

영역	핵심개념	일반화된 지식	내용요소
고체지구	판구조론	지구는 여러 개의 지판으로 구성되고 있고, 판의 경계에서 주로 화산과 지진 등 다양한 지각변동이 발생한다.	• 화산활동 • 지진 • 지진 대처 방법

일반적으로 이와 같은 국가 교육과정 내용과 목표를 그대로 수업에 반영할 수도 있다. 그러나 지역사회나 학급 구성원의 관심과 배경을 고려하고 학교의 실정에 따라 교육과정을 재구성하는 것이 바람직하다. 문제중심학습의 목적은 단편적인 지식이나 기술의 습득에 있기보다는 중요한 지식이나 사고력을 기반으로 학생들의 창의적 문제해결력을 기르는 것에 있기 때문에 현행 교육과정 목표를 고려하되 단원의 핵심개념을 중심으로 목표를 재구성할 필요가 있다. '지진'에 관련한 문제중심학습의 총괄목표를 다음과 같이 세울 수 있다.

> **총괄목표:** 지진 관련 지식을 바탕으로 실제 지진 발생 시 상황에 적절히 대처할 수 있는 능력과 태도를 기른다.

구체적인 목표는 내용지식과 과정지식(기능), 태도 영역으로 나누어 〈표 4-2〉와 같이 세울 수 있다. 국가 교육과정에서 '화산'은 '지진' 이전의 단원으로 설정되어 있고, 최근 우리나라에서는 지진이 자주 발생하여 학생들에게는 지진이 화산보다 '실제성'이 있다. 따라서 문제중심학습에서는 지진을 중심으로 수업을 시작하고, 화산은 지진 발생과 관련된 현상으로 다룰 수 있다.

〈표 4-2〉 '지진'을 주제로 한 문제중심학습의 영역별 목표

내용지식	• 지진의 개념과 지진 발생의 원인을 이해한다. • 지진의 규모에 따른 피해 정도를 파악할 수 있다. • 지진에 대비하는 방법과 지진이 일어났을 때 대처하는 방법을 설명할 수 있다.
과정지식 (기능)	• 지진과 관련된 정보를 다양한 방법을 통해 찾을 수 있다. • 지진 발생의 기록을 분석할 수 있다. • 지진 발생 현황을 파악하고 미래를 예측하고 대처할 수 있다.
태도	• 지진에 대해 관심을 가지고 안전하게 대피하려는 적극적인 태도를 지닌다.

'내용지식'이란 명제적 지식(knowing that: ~인 것을 아는 것)이며, '과정지식(기능)'이란 절차적 지식(knowing how: ~할 줄 아는 것)을 의미한다. 어떤 용어를 쓰는가는 중요하지 않지만 내용지식과 과정지식(기능)을 이렇게 구분하여 서술하는 이유는 문제해결력을 기르기 위해서 명제적 지식뿐만 아니라 절차적 지식이 필요하기 때문이다.

그동안 우리나라 교육과정에서는 '명제적 지식'과 '태도'는 명시적 목표로서 제시되었지만 '절차적 지식'은 학습 활동이나 절차로 간주되어 왔기에 중요한 비중을 차지하지 못했다. 2015 개정 교육과정에서 역시 내용지식은 '핵심개념' '일반화된 지식' '내용요소'로 세분화되어 있는 반면, 탐구능력은 성취해야 하는 목표로 명시되어 있지 않다. 그러나 문제중심학습에서의 최종적인 목표는 내용지식과 과정지식을 활용하여 문제를 창의적으로 해결하도록 하는 것이므로 '절차적 지식'을 '과정지식(기능)'으로 구분하여 목표의 영역에 포함시키는 것이 바람직하다.

2) 학습자 특성 파악하기

문제개발에서는 문제와 만나는 주체가 누구인가를 고려하는 것 또한 중요하다. 이를 위해 '학습자들은 어떤 문제에 도전감을 갖는가?' '학습동기를 유발할 수 있는 학습자들의 관심사는 무엇인가?' '학습자들은 학습 주제에 대해 어디까지 알고 있는가?' '자기주도적으로 문제해결에 참여할 수 있는가?' 등을 파악하여 학습자의 수준에 적합한 문제를 개발해야 한다.

학습자의 특성을 알아보기 위해서는 교사의 관찰이나 면접, 설문, 학생들 간의 자유토론, 주제에 대해 마인드맵 그리기, 브레인스토밍, 브레인라이팅 등의 다양한 방법을 사용할 수 있다. 학습할 단원의 내용에 대한 학생들의 관심사를 파악하기 위해 4학년 학생들에게 '지진'에 대해 생각나는 대로 마인드맵을 그려 보라고 했을 때 [그림 4-1]과 같이 2016년 경주 지진 발생과 관련하여 다양한 관심을 보였다. 이러한 마인드맵을 통해 교사는 핵심 주제에 관한 학생들의 관심사를 파악할 뿐만 아니라 개발할 문제에 관한 힌트를 얻을 수 있다.

그다음 방법으로 학생들이 지진과 관련하여 알고 있는 것과 알고 싶은 것을 좀 더 구체적으로 파악하기 위해서는 설문을 해 볼 수 있다. 이러한 방법은 교사에게 문제

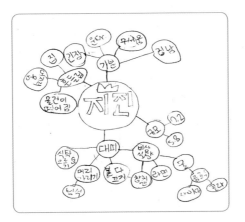
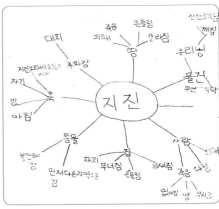

[그림 4-1] 학생들의 마인드맵 사례

개발을 위한 실질적인 정보를 제공해 준다. 4학년 학생들이 '지진'에 관하여 무엇을 알고 있는지, 더 알고 싶은 것이 무엇인지 설문지를 통해 구체적으로 조사한 결과는 다음과 같다.

■ 지진에 대해 알고 있는 것
- 지진이 발생하면 땅이 흔들리거나 갈라진다.
- 지진으로 인해 많은 사람이 다치거나 죽는다.
- 건물이나 물건들이 흔들리거나 쓰러진다.
- 동물의 행동이 이상해진다.
- 지진은 주로 일본에서 많이 일어난다.
- 우리나라(경주)에서도 지진이 발생하였다.
- 지진이 일어나면 책상 밑으로 숨거나 머리를 보호한다.

■ 지진에 대해 알고 싶은 것
- 지진이 발생하는 이유는 무엇인가?
- 지진은 어느 지역에서 주로 발생하는가?
- 지진이 발생하는 장소와 시기를 미리 예측할 수 있을까?
- 지진이 발생하고 난 다음에 여진은 왜 일어나는가?
- 지진의 규모는 어떻게 구분되는가?
- 지진이 발생하면 쓰나미나 해일은 왜 일어나는가?
- 지진이 일어나지 않도록 하는 방법이 있을까?
- 지진의 피해를 줄일 수 있는 방법은 무엇이 있을까?
- 우리나라에서도 앞으로 큰 지진이 일어날까?

학생들이 응답한 결과를 종합해 보면, 많은 학생이 지진이 주는 피해나 지진이 일어날 때의 현상 같은 가시적인 정보에 대해 알고 있었다. 반면, 비가시적인 정보인

지진의 원인과 규모 등에 대해서는 좀 더 구체적으로 알고 싶어 하였다.

3) 잠정적 문제선정과 문제지도 그리기

문제개발은 교육과정과 관련이 있고 최근 지역사회의 이슈가 되며 학생들의 관심사가 될 만한 문제 가능성이 있는 주제를 다양한 출처를 통해 찾는 것으로부터 시작된다. 생각한 아이디어가 교육과정 내용과 관련될 수 있는지 그 가능성을 살펴본 후, '잠정적 문제'로 선정하게 된다. 또한 선정한 문제를 시각적으로 표현하는 '문제지도'를 그려 봄으로써 문제중심학습 문제로서의 타당성을 검토해 볼 수 있다.

문제지도(problem map) 또는 문제망(problem web)은 관련된 정보를 표현하고 조직하기 위한 시각적 전략으로서, 하나의 주제와 그에 관련된 주요한 하위 주제들로 이루어진 주요 아이디어와 개념을 연결한 것을 말한다(Katz & Chard, 1993).

(1) 잠정적 문제선정하기(문제 가능성이 있는 아이디어 찾기)

문제개발을 위해서는, 우선 학습자들의 특성과 흥미 및 교육과정 목표에 적합하며, 동시에 환경과 지역사회 등의 맥락을 고려하여 실제적인 문제 가능성이 있는 아이디어를 찾아야 한다. 그러기 위해 교사는 평소에 여러 가지 자원을 접하면서, 교육과정 목표에 부합되는 아이디어를 얻을 수 있을 만한 상황을 기록하고 스크랩해 둘 필요가 있다.

2016년 경주에서 우리나라 역사상 가장 큰 규모의 지진이 발생했다는 기사가 신문이나 뉴스를 통해 빈번하게 보도되었다. 다음은 한 일간신문에 게재되었던 지진의 심각성 및 안전대책의 필요성을 지적한 사설에서 발췌한 내용이다.

21일 낮 경주에서 또 규모 3.5 여진(餘震)이 발생했다. 12일 이후 열흘 동안 경주 일대 여진은 400차례를 넘어섰다. 작년 한 해 지진 횟수 44회의 10배 수준이다. 21일 여진 때문에 경주 지역에선 점심 급식을 운동장에서 한 학교가 많았다. 노약

자나 임산부 가운데 다른 도시 친·인척 집으로 피신하는 경우까지 있다고 한다. 경주 월성원전 6기 가운데 4기는 12일 이후 가동 중단 상태다. 고리 원전은 B급 경계 상태를 유지하고 있다. 정부는 이날 경주 일대를 특별재난지역으로 선포하기로 했다. 내년부터는 2층 이상 신축 건축물은 내진(耐震) 설계를 의무화하도록 건축법을 바꾸기로 했다.

지진 불안을 이대로 방치할 수가 없다. 확실한 대책은 건물·시설에 대해 완벽한 내진 시공을 하는 것이다. 그러나 모든 건물·시설을 어떤 지진에도 대비할 수 있게 보강한다는 것은 불가능하기도 하고 필요도 없는 일이다. 어느 지역이 지진에 취약한지, 어느 정도 강도의 지진이 닥칠 가능성이 있는지를 과학적으로 판단해야 합리적 지진 대비를 할 수 있다. (중략)

출처: 조선일보(2016. 9. 22.).

우리나라도 지진 발생빈도가 증가하고 규모 5.8 정도의 큰 지진이 발생하고 있는 점으로 보아 더 이상 지진의 안전지대가 아니라는 인식이 확산되고 있으며, 계속되는 여진으로 전문가들은 지금부터라도 지진 대피훈련과 교육을 강화하고, 대응책을 마련해야 한다고 입을 모으고 있다. 따라서 '지진 대응 교육 프로그램'을 잠정적인 문제로 선정하여, 안전교육에 대한 인식의 필요성을 높이고, 지진에 상시 대처할 수 있도록 하는 문제를 생각하게 되었다.

(2) 문제지도 그리기

잠정적 문제를 선정한 후에는 '문제지도 그리기'를 해 봄으로써 수업의 진행을 미리 예상해 볼 수 있다. 문제지도로 표현된 시각적 연결은 아이디어의 개념적 관련이 어떠한지, 그것이 학습자에게 어떻게 적용되는지를 한눈에 볼 수 있게 해 준다.

문제지도 그리기를 위해서는 선정한 아이디어를 중심에 놓고, 중심문제에 대한 가능성 영역 및 범위를 하나씩 덧붙여 나간다. 하나의 개념에서 다른 개념으로 연결할 때 서로 갈등이 있는 복잡한 이슈, 불일치하는 부분이나 영역을 확인한다(Torp &

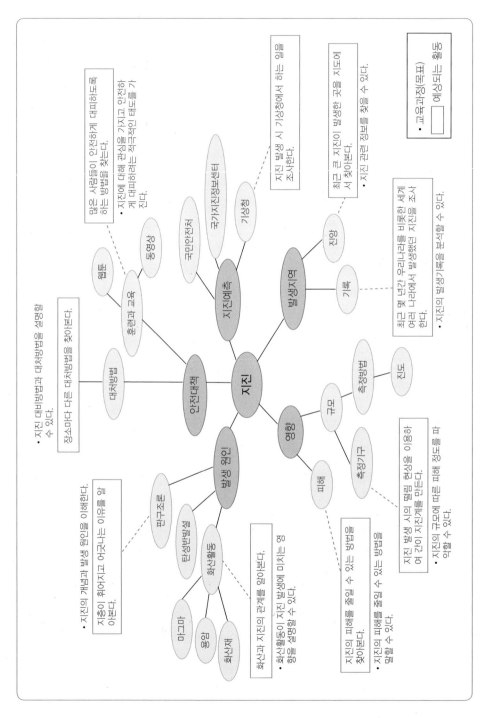

[그림 4-2] '지진' 문제지도

Sage, 2002). 그런 다음에 아이디어와 관련된 '학습활동'과 '교육과정'을 연결한다. 교사는 이를 통해 아이디어와 관련된 주요 개념이나 다루어야 할 학습내용, 앞으로 전개될 활동 등을 예상하고, 이로써 얻게 될 교육과정 목표를 고려할 수 있게 된다 (Katz & Chard, 1993).

'지진'이라는 잠정적 문제를 중심에 놓은 후, 이와 연관된 가능성이 있는 영역 및 범위와 교육과정을 고려하여 [그림 4-2]와 같이 문제지도를 그려 볼 수 있다. 이 문제지도를 보면, '지진' 문제를 통해 교육과정 목표를 달성할 수 있을지를 확인할 수 있다. 이러한 문제지도 그리기를 할 때는 단지 한 단원 안에 있는 개념뿐 아니라 다른 교과나 단원의 관련 개념들도 포함시킬 수 있다.

이와 같이 문제지도를 그려 보아서 가능성 있는 문제의 영역과 범위, 예상되는 문제 및 활동, 교육과정 목표와의 연관성 등을 분석해 보고, 선정된 아이디어가 적절하지 않다고 판단되면 다른 대안을 찾아야 한다.

4) 역할과 상황 설정하기

이전 단계에서 생각한 아이디어를 중심으로 그린 문제지도가 교육과정 내용을 포함하고 학생들의 수준과 흥미에 잘 맞는다고 판단되면 이 아이디어를 잠정적인 '문제'로 채택할 수 있다. 이제 잠정적 문제 안에 문제를 경험할 당사자의 역할과 당사자가 처한 상황을 설정하여 학습자가 문제를 해결해 가는 데 주인의식을 갖도록 하는 것이 중요하다. 적절한 역할과 상황의 설정은 학생들을 문제에 적극적으로 참여하도록 하는 중요한 열쇠가 된다.

이와 같이 문제중심학습에서는 '역할'과 '상황'이 포함되어야 하기 때문에 보통 단순한 '제재'는 문제라고 볼 수 없다(Sage, 2003). 이런 점에서 문제중심학습은 프로젝트학습과 뚜렷하게 구분된다. 역할과 상황을 설정하는 구체적인 과정은 다음과 같이 세 단계로 구분할 수 있다.

- 첫 번째 단계: '문제 안의 다양한 역할의 가능성'을 찾는 단계
- 두 번째 단계: '적합한 역할을 선택'하는 단계
- 세 번째 단계: '선정된 역할이 처한 상황'을 만드는 단계

첫 번째 단계에서 역할을 고려할 때는 문제 속의 잠재적인 당사자들에 어떤 사람들이 있는지 알아보아야 한다. 가령, 학교나 지역사회에서 어떤 문제가 있다고 할 때, '실제 이 문제는 누가 맡을 것인가?'에 관해서 학생, 교사, 학부모, 운전기사, 교장, 이웃, 법률가, 시장 등의 다양한 가능성을 생각해 볼 수 있다. 잠정적 문제와 관련된 사람들이 누구인가는 잠정적 문제를 찾았던 출처를 통해 정보를 얻을 수 있을 것이다.

'지진' 문제를 예로 들면, 지진을 예측하고 정보를 전해 주는 기상청의 '지진 예보관'이나 한국지질자원연구원 지진연구센터의 '지진전문 연구원', 국가지진정보센터의 '지진 예보관' 등이 있다. 그리고 지진이 주는 직접적인 피해와 관련된 사람, 즉 학교, 공공기관, 아파트 관리 등의 책임자, 농부, 어부, 저지대에 사는 사람들 등이 있으며, 광범위한 피해와 관련된 일반 사람들도 있다. 지진의 피해를 줄이기 위해서 지진을 연구하는 지진학자와 지질학자와 같은 전문가들도 있다. 또한 지진 재해를 관리하는 '중앙재해대책본부'도 있다.

두 번째 단계에서는 다양하게 생각해 본 역할 가운데 최적의 역할을 선택해야 한다. 최적의 역할을 선정하는 과정에서는 학습자가 문제의 실제적인 당사자가 될 수 있는지, 학습자의 특성이 잘 반영될 수 있을지, 학습자의 동기와 흥미를 충족시킬 수 있는지, 기대하는 교육과정 목표에 밀접하게 도달하게 할 수 있는지 등을 고려해야 한다. 최적의 역할 선정 시 다음과 같은 질문을 해 보면 도움을 받을 수 있다.

- 여러 역할 중 가장 실제적인 역할은 어느 것인가? 지진 문제에서 기상청 지진 예보관, 지진학자, 재해대책 담당자 등은 실제 우리 사회의 구성원으로 모두 실제적인 역할이라고 볼 수 있다.

- 학생들의 관심과 흥미를 유도하여 학습에 참여시킬 수 있는 역할은 무엇인가? 이 질문에 대한 답을 구하기 위해서는 학습자들이 현재 여러 직업에 대한 정보를 어느 정도 알고 있는지, 제시한 역할 중 어떤 역할을 체험해 보고 싶어 하는지 등을 직접 질문을 통해서 알아보는 것도 하나의 방법이 될 수 있다. '지진' 문제에서는 연구에 초점을 두는 지진 관련 전문가보다는 4학년 학생들에게 현실적이고 흥미 있는 역할로 '지진 대응 교육 프로그램'의 담당자라고 판단하였다.
- 어떠한 역할을 선택하였을 때 기대하는 교육과정 목표를 최대한 달성할 수 있는가? 즉, '어떤 역할이 당사자의 지식과 활동을 포괄할 수 있는가?'의 질문이라고 볼 수 있다.

역할 선택 시 중요하게 고려할 점은 '역할의 범위'에 관한 것이다. 문제와 역할의 범위가 상대적으로 좁은 경우, 즉 개인적 관계에 대한 문제, 개인의 의사결정과 관련된 문제, 또는 학생이나 동료집단과 관련된 문제일 경우에는 문제를 통한 경험 또한 훨씬 제한적이다. 그러나 다양한 범위의 당사자들과 관련된 좀 더 포괄적인 문제

역할　지진 대응 교육 프로그램 담당자

상황

2016년 9월에 발생한 경주의 지진에 대한 기사를 통해 우리나라가 더 이상 지진 안전지대가 아니라는 분석이 나오고 있다. 그래서 이에 대한 대비로 국민안전처에서 민방위 날에 전국적으로 동시에 지진해일 대피훈련을 실시한다고 한다. 이날의 대피훈련은 전국적인 지진 상황을 가정해 지진훈련 경보가 발령되면 국민들이 대비하는 훈련으로서 우리 학교에서도 적극적으로 참여하기로 했다. 이에 따라 전교생이 진지한 태도로 임할 수 있도록 지진에 대한 교육을 확대 실시하여 이 훈련의 중요성을 깨닫도록 교장 선생님이 요청을 한다. 학교 학생들의 안전을 위해서는 어떤 내용과 어떤 방법으로 지진교육을 실시하면 좋을까?

[그림 4-3] '지진' 문제에서의 역할과 상황

와 역할은 더 복잡하고 많은 시간과 자원을 요구한다(Torp & Sage, 2002). 따라서 학습자의 수준을 고려하여 포괄성의 정도를 결정할 수 있다. '지진' 문제에서는 학교의 전교생을 위한 '지진 대응 교육 프로그램' 담당자가 되어 지진예보와 재해대책을 종합적으로 다루어 보도록 하였다.

세 번째 단계는 이렇게 선정된 역할이 처하게 되는 실제적인 상황을 구성하는 단계이다. 즉, 역할에 어울릴 만한 특정 상황 설정이 필요하다. [그림 4-3]은 '지진' 문제를 위해 설정할 수 있는 '역할'과 가상의 '상황'이다.

5) 문제(시나리오) 작성하기

역할과 상황을 선정한 다음에는 학생들이 만나게 되는 '문제'를 작성하게 된다. 이를 통해 학생들이 자신이 처한 상황이나 역할을 명확하게 이해하고 문제를 정의할 수 있도록 작성해야 한다. 이것을 '문제 시나리오'라고도 한다.

시나리오를 작성하기 위해서는, 우선 학생들을 문제상황 속으로 이끌고 실제적으로 참여할 수 있게 하는 내용과 제시방법을 선택하여야 한다. 그리고 나서 시나리오를 통해 학생들이 문제의 핵심과 조건을 찾을 수 있도록 정보를 구성해야 한다. 시나리오를 작성할 때 주의 깊게 고려해야 할 사항은 문제에 너무 많은 정보를 제시하면 학생들이 문제에 대해 더 알고자 하는 욕구가 감소되고, 반대로 너무 적은 정보를 제시하면 학생들이 문제탐구를 어렵게 생각할 수 있다는 점이다. 그러므로 비구조화된 시나리오 내용 안에서 학생들이 문제의 핵심과 문제해결을 위한 조건을 파악할 수 있을 만큼의 수준으로 정보를 제공하는 것이 중요하다.

시나리오 제시방법은 구두로 설명하거나 동영상 자료, 역할극, 글, 신문, 전문가 초청, 인쇄자료 등의 여러 가지 형태가 있으므로 적용할 대상에게 맞는 최적의 방법을 선정하는 것이 바람직하다. 〈사례 4-3〉은 4학년 '지진' 문제를 위해 개발한 시나리오의 예이다.

〈사례 4-3〉

'지진 대응 방송 프로그램' 시나리오

아침방송시간을 이용하여 교장 선생님이 다음과 같은 광고방송을 하거나 학생들이 자주 이용하는 복도에 광고문 형태로 게시한다.

학생 여러분, 최근 경주에서 발생한 지진 관련 기사를 보셨나요? 갑작스럽게 일어난 지진으로 건물들이 무너지고 많은 사람들이 다친 뉴스를 보며, 선생님은 마음이 너무 아팠답니다. 더 큰일은 계속해서 여진이 발생하고 있어, 더 이상 우리나라도 지진의 안전지대가 아니라는 분석이 나오고 있습니다.

우리 학교에서는 지진 발생 시 학생들이 안전하게 대피하고 대응하는 데 도움을 주는 '지진 대응 교육 프로그램'을 공모하고자 합니다. 우수 작품으로 선발된 팀원들은 명예 방송반원이 되어 우리 학교의 지진 대응 교육 프로그램 담당자로 한 달 동안 활동할수 있습니다. '지진 대응 교육 프로그램'은 6월부터 특별 진행합니다. 방송내용에는 지진 발생 원인이나, 강도에 따른 피해 정도, 우리 학교에서의 대처방법 등이 포함되어야 합니다. 마침 4학년에서 '지진'에 관해 공부하고 있다고 하니 4학년 학생들의 많은 참여를 부탁합니다.

'지진 대응 방송 프로그램'의 모집은 아래와 같이 이루어집니다.

- 대상: 4학년(4~5명을 한 팀으로 구성)
- 활동 기간: 매일 아침 방송 5분씩 6월 한 달
- 공모 기간: 20○○. 5. 22.(월)~20○○. 5. 26.(금)
- 제출 장소: 방송반
- 발표: 20○○. 5. 30.(화)

자세한 사항은 방송반 어린이나 선생님께 문의 바랍니다.

1. 아침방송시간에 나온 광고내용을 다시 한 번 들어 봅시다. (방송으로 제시된 경우)
2. 광고문을 다시 한 번 살펴봅시다. (광고문으로 제시된 경우)

시나리오를 구성한 후에는 이 시나리오를 통해 학생들이 문제에 대한 탐구를 시작할 수 있도록 정보가 제공되었는지, 학습자의 특성이 잘 반영되었는지에 대해 검토하는 작업이 필요하다. 우선, 교사들은 실제적으로 문제가 주어졌을 때 학생들이 문제를 어떻게 정의할 것인가를 학생의 입장이 되어 예상해 보아야 한다. 시나리오를 통해 문제의 핵심과 문제해결을 위한 조건에 대해 학생들이 추론할 수 없다고 판단될 때는 시나리오를 다시 검토하여야 한다. 이때 시나리오를 작성한 교사가 직접 시나리오를 검토하기보다는 동료 교사들에게 의뢰하여 학생들이 어떻게 받아들일지 검토를 받는 것이 더 효과적이다.

이러한 과정을 거쳐 최종적인 시나리오를 작성할 수 있으며, 이상의 문제개발 절차를 종합하면 [그림 4-4]와 같이 정리할 수 있다. 사회적 맥락은 문제 전체의 바탕을 이루고 있으며, 4단계와 5단계에서 화살표가 역으로도 향하고 있는 것은 이 단계에서 문제가 발견되었을 때 다시 이전 단계로 되돌아갈 수 있다는 것을 의미한다. 따라서 이 문제개발 절차모형은 순차적 과정이기보다는 끊임없는 반성적 과정을 통해 이루어지는 순환적 과정이다.

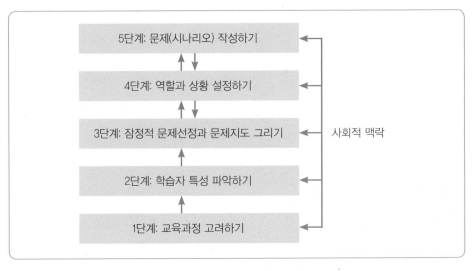

[그림 4-4] 문제중심학습의 문제개발 절차

요약

   이 장에서는 문제중심학습에서 가장 우선적으로 생각해야 하는 '**문제**'는 어떤 것이어야 하는가에 이어서 **문제개발의 절차와 방법**을 안내하였다.

   문제중심학습 **문제의 특성**은 비구조화되고, 실제적이며, 학습자를 고려해야 하고, 교육과정에 기초를 두어야 하며, 구조화의 정도는 학습자의 경험과 사전 지식의 정도에 따라 다르게 해야 한다는 것이다.

   문제개발은 수업 전에 이루어져야 할 중요한 과정으로서 다음과 같은 절차를 따를 것을 안내하였다.

- **교육과정 고려하기:** 문제중심학습에서 문제개발을 위해서는 교육과정 목표를 파악하는 것이 우선적으로 필요하다. 교육과정은 국가 수준, 지역 수준 또는 학교 수준이 될 수 있다.
- **학습자 특성 파악하기:** 교육내용을 선택한 다음에는 학습자가 그 내용에 대해 어느 정도로 알고 있고, 또 구체적으로 알고 싶어 하는 것이 무엇인지를 파악한다.
- **잠정적 문제선정과 문제지도 그리기:** 교육과정과 관련이 있고 학생들이 흥미 있어 하는 내용 중에서 문제를 잠정적으로 찾아낸다. 그런 다음 그 문제를 교육과정 내용 및 활동들과 연관 지어 보는 지도를 그려 봄으로써 문제로서의 타당성을 검토한다.
- **역할과 상황 설정하기:** 학습자가 자신의 문제로 인식하고 학습에 대한 주인의식을 갖도록 문제 안에 문제를 경험하고 해결해야 하는 당사자의 역할과 상황을 제시한다.
- **문제(시나리오) 작성하기:** 학생들에게 어떤 형태와 방법으로 제시하는 것이 좋을지 학습자의 수준과 흥미를 고려하여 최종 시나리오를 구성한다.

   이러한 과정은 문제개발의 핵심적인 요소이면서 동시에 문제개발의 단계가 된다. 경우에 따라서 어떤 단계는 생략할 수도 있겠으나, 문제중심학습을 처음으로 시도하는 교사일수록 이러한 모든 과정을 거쳐서 문제를 개발하는 것이 바람직하다.

제5장

교수 · 학습은 어떻게 계획하는가

이 장에서는 문제중심학습의 수업 과정에서 필요한 요소는 무엇이며, 어떤 절차를 거쳐 진행할 것인지 교수 · 학습 측면에 대해 다룬다. 우선 다양한 관련 연구자들의 '교수 · 학습 모형'을 소개하고, '교수 · 학습의 계획'은 어떻게 세우며, '교수 · 학습 절차 및 방법'과 '평가방법'은 어떠해야 하는지 구체적으로 소개하고자 한다.

1. 다양한 PBL 교수 · 학습 모형 연구

1980년 이후부터 의과대학, 영재학교, 초 · 중등학교 등의 맥락에서 활용되어 왔던 문제중심학습 모형들에서 찾을 수 있는 기초적인 교수 · 학습 절차와 방법들을 살펴보면 다음과 같다.

1) Barrows와 Tamblyn의 의과대학 PBL 과정

문제중심학습 연구의 선두주자라고 볼 수 있는 Barrows와 Tamblyn(1980)은 의과대학의 학생들을 대상으로 문제를 만들어 제시하였다. 학생들에게 문제해결에 필요한 모든 정보를 주지 않고, 학생들이 스스로 문제상황을 연구하고, 적절한 질문을 하게 하였으며, 문제를 해결하기 위해 스스로 계획을 세우도록 하였다. 그 결과 문제중심학습을 통해 배운 학생들은 학습자로서의 욕구를 만족시키기 위해 최적의 자원을 선택하고 사용할 수 있는 능력을 가진 '자기주도적 학습자'가 되었다. 이러한 새로운 방법을 '문제해결을 하는 과정에서 얻는 학습'이라는 의미로 문제중심학습(Problem-Based Learning: PBL)이라고 명명하였고, 상세한 과정을 다음과 같이 진술하였다.

- 어떠한 준비나 학습이 이루어지기 전에 처음 문제를 만나게 된다.
- 현실세계에서 일어나는 것과 같은 방법으로 학생들에게 문제상황을 제시한다.
- 학생들 개개인의 학습 수준에서 지식을 적용하고 추론하면서 문제를 풀 수 있도록 한다.
- 그런 과정에서 더 알아야 할 영역을 파악하고, 그 영역에 대한 개별 학습을 위해 가이드를 해 준다.
- 개별 학습에서 습득한 기술이나 지식을 문제에 적용시키고, 학습의 효율성을

평가하고 학습을 강화한다.
- 문제를 해결하는 과정과 개별 학습에서 습득한 학습을 요약하고, 각자가 습득한 지식과 기술에 대해 서로 공유한다.

Barrows와 Tamblyn(1980)의 모형에는 문제로부터 출발하고, 문제와 관련된 학습자의 사전 지식과 더 알아야 할 학습문제를 파악하는 등 개별 학습을 통한 학습내용을 공유하는 핵심적인 과정이 포함되어 있다. 그러나 각 단계를 어떻게 진행하는가를 구체적으로 제시하지 않고 교수자의 역할이 최소화되기 때문에, 이 모형은 학습자가 자기주도적으로 문제를 해결해 갈 수 있는 능력이 있을 때 가능한 접근이다.

2) 일리노이 수학 · 과학 영재학교(IMSA)의 PBL 과정

IMSA(Illinois Mathematics & Science Academy)에서는 1993년에 문제중심학습센터를 설립하여, 유치원에서 12학년까지를 대상으로 하는 문제중심학습 방법을 설계하고 적용하고 있다(조연순, 2001a). IMSA의 PBL 과정에서는 '코치로서 교사의 역할 측면'을 강조하였고, 수업과 평가는 함께 이루어져야 할 것으로 '수행평가'를 활용하였다. 전체적인 교수 · 학습 과정은 다음과 같다.

- 학생 준비시키기: 학생들이 PBL 문제를 우연히 마주치는 것처럼 해야 한다.
- 문제 만나기: 문제를 통해 학생들이 해결하고자 하는 마음이 생기도록 동기를 유발해야 한다.
- 알고 있는 것, 알아야 할 것, 아이디어 찾기: 무엇을 알고 있으며, 무엇을 알아야 하고, 학생들이 가지고 있는 아이디어는 무엇인지 스스로 파악하게 한다. 즉, 문제에 대한 학생들의 사전 지식을 활성화시켜야 하며, 문제를 해결하는 데 필요한 정보에 초점을 맞출 수 있도록 돕는다.
- 문제 진술 및 정의하기: 학생들이 문제를 분명하게 정의하도록 한다.

- **정보 수집 · 공유하기**: 효과적으로 자료를 수집하고 공유하며, 의미를 만들어 나가는 전략을 계획하고 수행하도록 한다. 또한 수집한 정보가 이 문제를 이해하는 데 어떻게 기여했는지 평가하도록 한다. 알아야 할 것에 대해서는 학생들이 주제를 선택하여 협동학습을 하도록 안내한다.
- **가능한 해결책 만들기**: 가능한 모든 해결책을 생각해 낼 수 있도록 한다.
- **최적의 해결책 결정하기**: 각 해결책의 장점과 문제점을 평가하기 위해 기준을 사용할 수 있도록 한다.
- **해결책 발표하기(수행평가)**: 학생들이 어떤 지식을, 어떻게 습득하였는지, 왜, 누구를 위해 그 지식이 중요한지에 대해 효과적으로 설명하도록 한다. 이때 학생들의 해결책을 평가하고 조언을 주기 위해 전문가(외부인사)를 초청할 수도 있다. 발표 후에는 해결책에 대해 급우들이 질문을 하게 하고, 학생과 교사가 만든 평가기준(rubric)에 의해 평가하게 되는데, 평가기준에는 발표 내용과 기술, 팀워크 등을 포함한다.
- **문제해결 과정에 대해 반성하기**: 학생들이 학습한 것을 반성하게 하고 새롭게 알게 된 것이 무엇인지 알아보도록 한다.

IMSA 모형은 Barrows와 Tamblyn(1980)의 과정에 비해 교수 · 학습 과정으로서 각 단계의 활동내용이 구체화되었으며, 중 · 고등학교 교육의 맥락에서 적용 가능한 모형이다. 그러나 교수 · 학습 과정에서 필요로 하는 핵심요소들을 중심으로 좀 더 유목화할 필요가 있다.

3) Fogarty의 PBL 과정

Fogarty(1997)의 PBL 과정은 Gardner(1983)의 다중지능이론과 관련하여 개발되었다. PBL이 비구조화된 문제로 출발함으로써 실제적 문제를 직접 해결하기 위해 학생들은 토론과 탐구를 통해 다양한 지능(intelligences)을 사용하게 된다는 것이다(Gardner, 1983). 각각의 문제에 접근하는 과정은 문제의 주제나 구조, 맥락에 따라 다를 수 있고, 실제 문제상황 안에서 탐구해 가는 방향이 결정될 수 있다(Fogarty, 1997). 따라서 다음에 제시되는 과정은 전체적인 흐름이기보다는 문제를 해결해 가는 과정에서 고려해야 할 요소로서 파악해야 할 것이다.

- 문제 만나기: 읽기, 역할놀이, 비디오, 노래 가사 등 다양한 방법을 통해서 학생들에게 비구조화된 문제를 제시하는 단계이다.
- 문제 정의하기: 문제를 이해하고 당사자가 되어 자신의 말로 진술하는 단계이다. 학생들이 알고 있는 것을 기초로 문제를 진술하게 한다.
- 사실 수집하기: 자신이 '알고 있는 것' '알아야 하는 것' '해야 할 것' 등을 차트로 작성하는 단계이다. 사실을 수집할 때는 이전 경험과 사전 지식을 자극하게 되는데, 이때 문제와 관련된 정보를 찾기 위해서 학생들은 다중지능(multiple intelligences)을 활용하게 된다.
- 추가 질문하기: 작성한 차트를 보고 알아낸 정보를 통해 탐구에 필요한 추가적인 질문을 하는 과정이다. 추가질문은 교사의 발문기술에 의해 촉진되기도 하며, 학생들에 의해서 이루어지기도 한다.
- 가설 설정하기: 문제에 대해서 이론화하거나 가정하는 단계이다. 즉, 자신이 생각하는 것, 자신의 예감, 가능한 결과 등에 대해서 생각하게 된다.
- 조사하기: 자료를 조사하고 더 많은 정보를 수집하는 단계이다. 조사 방법은 문제에 따라 달라지는데, 교과서 읽기, 인터뷰하기, 인터넷 찾기, 도서관 이용하기, 도시 방문하기, 관련된 주제 찾기 등 다양하다.
- 본래 문제로 돌아가 정교화하기: 더 적절한 정보와 지식을 가지고 문제의 초기 진술을 수정하고 문제의 핵심에 초점을 맞추는 단계로서 추가된 정보, 자료의 분석, 문제의 본질에 대한 계속적인 모니터링을 통해 문제를 더 심층적으로 이해하도록 한다.
- 대안 만들기: 수집한 자료와 정보에 대하여 토의하는 과정을 통해서 아이디어를

생성하는 단계이다. 이때 있음직한 해결(solution), 가능한 대안들, 바람직한 해결(resolution) 등으로 해결방안을 범주화한다.

- 해결책 지지하기: '대안 만들기'에서 세 가지 범주로 묶은 해결책들을 평가하는 단계이다.

Fogarty(1997)의 PBL 교수 · 학습의 특징은 문제를 이해하고 분석하는 과정이 세분화되어 있다는 것이다. '사실 수집' '추가적인 질문' '가설 설정' 등의 과정이 구분되어 있어 문제해결의 과정에서 사고를 촉진시킬 수 있다는 장점이 있는 반면, 과정상의 중복이 있을 가능성이 있다.

4) Delisle의 PBL 과정

Delisle(1997)의 PBL 과정은 Barrows와 Myers(1993)의 모형에 근거한 것으로서 초 · 중등학교에서 성공적으로 수행되어 왔다. 이 모형에서는 앞서 소개된 모형들에 비해 단계별로 수행되는 활동이 분명하게 드러난다.

- 문제와 관련짓기: 문제를 제시하기 전에 학생들을 문제상황으로 들어오도록 하는 단계로서, 학생들의 삶과 흥미와 관련지어 문제를 재미있게 제시한다.
- 틀 만들기

아이디어	알고 있는 것	알아야 할 것	정보 수집 방법

앞의 표와 같은 틀로 4개의 칸을 만들어 생각을 기록해 간다. '아이디어' 칸에는 문제해결에 대해 즉각적으로 떠오르는 생각을 적고, '알고 있는 것' 칸에는

문제에 대해서 알고 있는 것을, '알아야 할 것' 칸에는 해결책에 도움이 되는 것을, '정보 수집 방법' 칸에는 정보를 모으는 방법, 문제를 푸는 데 할 일이나 수행계획을 기록한다.

- 문제 탐색하기: 학생들이 자기주도적 학습을 하기 전에 이용할 수 있는 자원의 다양성과 효과적으로 자원을 사용할 방법을 알아본다. 도서관, 잡지, 주변 사람들, 학교 선생님 등으로부터 유용한 정보를 얻을 수 있도록 한다.
- 문제 재탐색하기: 문제해결을 위한 틀에서 '아이디어' 칸에 기록한 내용을 보면서 그대로 실행해 나갈 것인지 생각한다. '알고 있는 것'과 '알아야 할 것' 칸의 내용을 보면서 학생들이 바꾸거나 더 추가할 내용이 있는지 생각한다. '정보 수집 방법' 칸에도 추가적인 정보 수집 방법을 기록하게 함으로써 4개 칸의 내용을 재구성하여 다시 탐구해 나간다.
- 해결책 만들고 수행하기: 어떻게 문제해결을 할 것인지를 팀별로 결정하고 모둠 중심으로 수행해 나간다.
- 수행 및 과정 평가하기: 교사와 학생 모두가 해결책을 평가한다. 간단한 평가 절차를 만들어 PBL 촉진자로서의 교사 자신의 평가와 학생의 자기 수행 및 PBL 과정평가를 한다.

Delisle(1997)의 과정에서 중요한 점은 문제해결을 위해 전체적인 틀을 세우는 단계이다. 그런데 여기서 '문제에 관한 아이디어'를 제시하게 함으로써 정보탐색 이전에 학습자가 즉흥적으로 해결책을 미리 제시할 우려가 있다.

5) Lambros의 PBL 과정

Lambros(2002)는 K-8학년까지 적용할 수 있는 PBL의 과정을 다음과 같이 제안하였다.

- PBL 문제에 접하기: 학생들은 학급 전체 또는 모둠으로 나뉘어 문제 시나리오를 접하게 된다. 시나리오의 전달 방식은 파워포인트, 프로젝션, 인쇄물 등 다양한 방법으로 이루어진다. 한 학생이 문제를 큰 소리로 읽는 경우가 많은데, PBL이 학생 중심이므로 문제를 읽는 사람은 언제나 학생이 된다.
- 목록을 만드는 과정에 참여하기: 문제에 관련된 사실들을 항목별로 나눈다. '사실' 항목에서는 문제에 관해 아는 것이 무엇인지를 확인하도록 한다. '알 필요가 있는 것'은 문제를 보다 잘 이해하도록 해 줄 수 있고, 문제해결에 기여할 것 같은 모든 정보를 목록화한다. '학습문제'에서는 문제해결을 위해 조사, 연구, 탐구의 필요성이 있는 것들을 이끌어 낸다.

사실	알 필요가 있는 것	학습문제

- 가능한 해결책에 대한 목록을 작성하기: 문제해결 방법에 대한 가능한 해결책을 제시하게 하고, 이로부터 새로운 학습문제를 이끌어 낸다. 또한 가능한 해결책을 받아들이거나 제외시키기 위해 부가적인 정보를 수집하기도 한다.

가능한 해결책	새로운 학습문제

Lambros(2002)의 문제중심학습 과정은 비교적 단순하고 두 번째와 세 번째 단계에서 목록을 통해 학습문제를 이끌어 내는 것이 핵심이라고 볼 수 있다. 그러나 학습문제를 탐색해 가는 활동 과정이 생략되어 있다.

6) 조연순의 PBL 과정

조연순 등(2004, 2005)의 연구에서는 핵심적으로 필요한 다섯 가지 요소를 추출하여 PBL 교수·학습 모형을 개발하였다. 이 모형에서 제시하는 다섯 가지 단계는 필수적으로 거쳐야 하는 단계이고, 각 단계 안에서의 하위 단계는 학습 주제나 학습자의 발달수준에 따라 교사가 판단하여 선택할 수 있다.

- 문제 만나기: '문제 만나기' 과정에서는 문제를 단순히 제시하는 것이 아니라 학습자들이 문제에 흥미를 갖게 하고 문제가 무엇을 의미하는지를 알도록 하는 문제인식과 문제발견 그리고 발견한 문제가 무엇인지를 파악하기 위해 문제를 재진술하는 과정이 포함되도록 한다. 따라서 '문제 만나기'의 하위 단계로서 '동기유발' '문제제시' '문제파악' 등의 단계가 필요한데, '동기유발' 과정은 문제가 학습자에게 익숙하지 않은 경우에는 필요하고 학습자의 경험과 직결되는 경우에는 불필요하다.

  문제 만나기 과정을 통해 학생들의 문제발견 능력을 기를 수 있다. 또한 문제를 다양한 관점에서 파악함으로써 '창의적 사고력'이 길러지고, 문제의 범위를 좁혀 감으로써 '비판적 사고력'이 길러진다.
- 문제해결 계획 세우기: 문제중심학습의 경우는 배운 지식만을 활용하는 것이 아니라 정보와 지식을 더 알아야 해결할 수 있는 문제를 제공하기 때문에 문제해결 계획을 세우는 과정이 필요하다. 이를 위해 문제해결을 위해 '알고 있는 것' '알아야 할 것' '알아내는 방법'으로 세분화하여 체계적으로 계획을 세우도록 한다. 이러한 활동은 학습에 대한 주인의식과 자기주도력을 신장시키는 원동력이 된다. 또한 다양하고 적절한 계획을 세우는 경험을 통해서 '창의적 사고력'과 '비판적 사고력'이 형성된다.
- 탐색 및 재탐색하기: 문제해결 계획을 세운 다음, 문제해결을 위해 알아야 할 지식이나 정보를 탐색하는 과정이 필요하다. 이 탐색과정을 통해 학교 교육과정

에서 의도하고 있는 '전문지식'을 배우게 되고, 적절한 정보를 학습자들이 찾아내면서 '창의적 · 비판적 사고력'이 길러진다. 탐색과정에서 탐색한 지식이나 정보가 문제해결을 위해 불충분하다고 판단되면 더 탐색할 필요가 있는 내용들을 추가로 재탐색하게 된다. 이러한 과정에서 교사는 다양한 수업전략을 활용할 수 있고, 학생들이 왜 이 내용을 공부하고자 하는지와 문제를 해결하는 데 그러한 내용들이 어떻게 관련되는지를 알게 함으로써 학습이 활성화된다.

• 해결책 고안하기: 긴 탐색과정을 거치고 나면 그동안 찾아낸 지식과 정보들을 활용하여 문제를 어떻게 해결할지 직접적인 해결책을 만드는 과정이 필요하다. 이 과정에서는 체계적이고 치밀한 '비판적 사고력'과 새롭고 다양한 해결책을 고안하는 '창의적 사고력'이 꽃을 피우게 되어 '창의적 문제해결력'이 길러진다. 또한 해결책을 만드는 과정에서 모둠활동을 통해 동료 학습자 간의 원활한 '의사소통 능력' 및 '협동 능력'이 길러진다.

• 발표 및 평가하기: 학생들이 고안한 해결책을 여러 가지 방법으로 발표하고 평가하는 과정은 다양한 해결책을 공유하고 평가하는 마무리 단계이다. 문제중심학습은 실제 주변에서 발생하는 문제를 대상으로 하기 때문에 해결책도 실제적으로 이루어질 수 있는 것이 바람직하다. 이 과정에서도 다양한 해결책을 다양한 방법으로 발표하게 함으로써 '창의성'이 신장될 수 있다.

  해결책을 제안함과 동시에 동료들의 해결방안 가운데 최선의 것을 선정하고 평가하는 것은 실세계에서 일어나는 의사결정 과정과 유사하다. 이러한 평가 활동은 '비판적 사고력'을 필요로 하는데(조연순, 2001b), 동료들의 해결방안에 대해 학생들 수준에서 타당성을 평가하고 새롭게 습득한 지식, 기술 및 정보가 문제해결에 얼마나 기여했는지 등을 이 단계를 통해 파악하게 된다.

조연순 등(2004, 2005)의 PBL 교수 · 학습 모형은 학교 교육과정의 내용지식과 과정지식의 탐색, 그리고 창의적 · 비판적 사고력의 촉진을 강조한다. 이러한 교수 · 학습 과정을 도식화하면 [그림 5-1]과 같다.

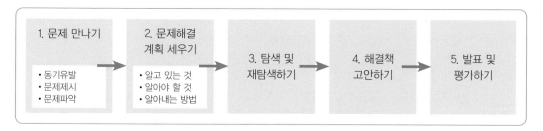

[그림 5-1] PBL 교수·학습 과정
출처: 조연순(2006)에서 수정됨.

앞의 제4장에서 제시하였던 '문제개발' 절차([그림 4-4] 참조)와 여기서 제시하는 '교수·학습' 과정([그림 5-1] 참조)을 기관차와 객차로 연결한 기차에 비유하여 [그림 5-2]와 같은 '문제중심학습의 기차 모형'을 제시하고자 한다.

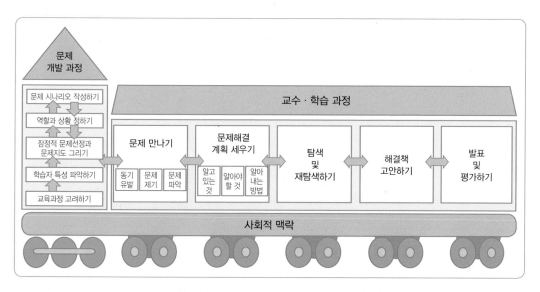

[그림 5-2] 문제중심학습의 기차 모형(Train Model of Problem-Based Learning: TPBL)
출처: 조연순(2006)에서 수정됨.

2. PBL 교수·학습 계획

이제부터는 제4장에서 개발한 문제를 중심으로 하여 수업계획을 세우는 과정을 설명하고자 한다. 교수·학습의 계획은 일반적으로 어느 수업에서나 거치는 절차이므로 '교수·학습 과정 계획' '평가계획'의 순서로 간략히 안내하고자 한다.

1) 교수·학습 과정 계획

어떤 수업에서나 교수·학습 계획을 세우는 것이 수업목표를 성공적으로 달성하기 위한 지침이 될 것이다. 문제중심학습에서는 문제해결 계획 단계에서 학생들로부터 '더 알아야 할 것'으로 어떤 의견이 나오는가에 따라 탐색활동이 계획했던 것과 달라질 수 있다. 그러나 수업을 원활하게 이끌어 가기 위해서는 대략적인 수업의 흐름을 계획해 보는 일이 필요하다. 개발한 문제를 가지고 어떻게 동기유발을 할 것인가, 문제는 어떻게 제시할 것인가, 문제해결 계획은 어떻게 세울 것인가, 탐색 및 재탐색, 해결책 고안, 그리고 학생들의 발표 및 평가활동은 어떤 방법으로 할 것인가를 미리 계획해 본다.

재구성한 교육과정 목표에 따라(〈표 4-2〉 참조) '지진' 문제를 위한 교수·학습 계획을 〈표 5-1〉과 같이 설계할 수 있다.

〈표 5-1〉 '지진' 문제의 교수·학습 계획

문제해결 단계	문제해결 활동	차시
문제제시	■ 동기유발 • 경주 지진 피해 사진, 동영상, 기사 보기 • 지진의 진동을 느껴 본 경험 나누기 • 지진 피해 사례에 관해 알고 있는 경험 나누기	1

	■ **문제제시** • 교장 선생님이 안내하는 '지진 대응 교육 프로그램'을 공고하기(우리나라의 지진 발생 위험을 안내하고 학교에서 지진 발생 시 안전하게 대피하고 대응할 수 있도록 '지진 대응 교육 프로그램'에 참여해 달라는 내용) ■ **문제파악** • '지진 대응 교육 프로그램'에 대한 광고 방송 또는 게시판의 공고를 확인하도록 한 후, 교장 선생님이 학생들에게 부탁한 것이 무엇인지 문제를 다시 정의하기	
문제해결 계획	■ **문제해결 계획표 만들기** | 알고 있는 것	알아야 할 것	알아내는 방법
---	---	---
		| ■ **탐색 내용 정하기** • 알아야 할 것을 전체적으로 정리하기 ■ **탐색 순서 정하기** • 탐색의 우선순위를 정하고 계획을 세우기	2
탐색 및 재탐색	■ **문제해결을 위한 탐색하기(다양한 학습 모형 활용)** • 탐색활동 1: 지진의 개념, 발생 원인 　−지진이란 무엇인가? (전체학습: 학생들의 귀납적 추론) 　−지진은 왜 발생하는가? (모둠별 협동학습: 학생들의 조사발표 및 실험) • 탐색활동 2: 지진의 피해 　−우리나라 및 세계 여러 나라에서 지진으로 인해 어떤 피해가 발생했는가? (모둠별 협동학습: 지진 발생 지역, 규모, 피해 등에 대해 조사하여 발표) • 탐색활동 3: 지진규모 측정 　−지진규모 측정 방법과 도구에는 어떤 것이 있나? (전체학습: 규모, 진도 등의 용어 및 지진 측정 방법과 지진계의 원리 알아보기) • 탐색활동 4: 지진 대비와 대처 방법 　−지진에 대비하고 대처하는 방법에는 무엇이 있나? (모둠별 협동학습: 학생들의 조사발표) ■ **재탐색하기: 문제해결 계획의 검토 및 수정** • 문제를 재확인하고 해결책을 위해 더 필요한 것은 없는지 확인하기 • '인터넷 지진정보 검색' 등 더 알아야 할 것들을 추가로 재탐색하기	3~6

해결책 고안	■ **해결책 고안하기** • 탐색활동을 통해 모은 자료를 토대로 '지진 대응 교육 프로그램' 방송 시나리오 계획하기 • '지진 대응 교육 프로그램'의 내용 결정 및 제작하기	7~8
발표 및 평가	■ **해결책 발표** • '지진 대응 교육 프로그램'을 위한 방송 시나리오를 발표하기(모둠별) • 모둠 간에 상호평가를 통해 선발된 팀은 아침방송시간에 '지진 대응 교육 프로그램'을 실시하기(모둠별) ■ **문제해결 과정 평가** • 학습 과정을 돌아보며 참여도 및 태도에 대하여 스스로 평가하고 반성하기	9~10

2) 평가 계획

학습평가는 문제중심학습의 목적인 창의적 문제해결력, 지식의 습득, 전이와 활용, 학습자의 흥미, 자기주도적 학습능력, 협동 능력을 중심으로 하고, 평가방법으로는 지필평가와 수행평가가 있다. 평가의 시기는 수업의 전 과정을 통해 각 단계에서는 과정중심평가를 하고, 수업을 마친 후에는 결과중심평가를 실시하는 것으로 한다. 교과별 교사용 지도서에서 제시하는 평가방법의 활용도 가능하다. 지진 문제의 경우 다음과 같이 계획을 세울 수 있다.

• **지식 습득에 대한 평가**: 내용지식은 '탐색하기'의 각 활동을 마친 후 지필평가를 통해 지진의 개념 이해 정도, 지진으로 인한 피해의 종류, 지진 대비와 대처 방법에 대한 이해도에 대해 평가를 한다. 과정지식(기능)은 탐색활동 2 · 3 · 4를 실행하는 과정에서 지진 발생 기록의 분석, 여러 나라의 지진 피해에 관한 인터넷 정보 찾기, 지진 발생 가능성의 미래 예측에 대한 추리능력 등을 수행평가로 한다.

- 창의적 문제해결력 평가: 창의적 문제해결력에 관해서는 첫 번째 단계인 '문제 확인 및 문제 파악' 단계에서 문제 파악 및 인식 능력을 서술형으로 평가할 수 있고, '문제해결 계획 세우기' 단계에서는 알아야 할 것과 알아내는 방법들을 적절하게 지적할 수 있는지를 학습지를 통해 지필평가로 평가할 수 있다. '문제해결책 고안' 단계에서는 문제에서 요구하는 해결책, 즉 결과물인 지진 대응 교육 프로그램이 방송 프로그램으로서 적절하고 창의적인가를 포트폴리오 방법으로 평가한다. 이때 '지진 발생 원인, 강도에 따른 피해 정도, 학교에서의 대처방법 등이 포함되어 있는가?'를 평가의 기준으로 한다.

  마지막 단계인 '발표 및 평가'에서는 '발표 방법은 적절하고 창의적인가?'를 평가한다. 그리고 수업을 마친 후에는 새로운 문제상황을 제시하여 문제 파악 능력과 배운 지식을 활용하여 창의적으로 문제해결책을 제시할 수 있는지 수행평가를 할 수도 있다.

- 자기주도적 학습능력(흥미 포함) 평가: 문제중심학습의 중요한 목적 중에 하나인 자기주도성은 '문제 만나기' 단계와 '탐색하기' 단계, '문제해결책 고안하기' 단계에서 체크리스트를 활용하여 교사가 수행평가를 할 수 있고, 학생 스스로 자기평가를 하게 할 수도 있다. 이때 '자율성' '학습 의욕 및 동기' '책임감' '만족감' '학습에 대한 흥미 및 몰입' 등을 평가요소로 한다.

- 의사소통 능력과 협동 능력 평가: 의사소통 능력과 협동 능력에 관한 평가는 '문제해결 계획 세우기'와 '탐색하기' 단계, '해결책 세우기' 단계에서 모둠활동이 이루어지는 상황에서 교사가 수행평가를 통해 할 수 있다. 마지막 단계인 '발표 및 평가' 단계에서 학생 스스로 하는 자기평가나 모둠 구성원 간에 하는 동료평가 방법도 가능하다. 이때 평가요소는 '참여성' '책임감' '상호작용'으로 한다.

문제중심학습의 각 단계별로 평가 유목과 방법을 정리해 보면 〈표 5-2〉와 같다.

〈표 5-2〉 **문제중심학습의 단계별 평가유목과 평가방법**

문제해결 단계	평가유목	평가방법
문제 만나기	• 문제 발견 및 인식 능력* • 문제에 관한 흥미/자기주도성	• 지필 · 수행평가 (관찰/학습지)
문제해결 계획 세우기	• 문제해결에 필요한 정보와 지식 파악 능력* • 의사소통 능력/협동 능력	• 지필 · 수행평가 (관찰/학습지)
탐색 및 재탐색하기	• 지식의 이해 및 탐색 능력(내용지식/과정지식/태도) • 자기주도성/흥미 • 의사소통 능력/협동 능력	• 지필평가 • 수행평가 (관찰/학습지/포트폴리오)
문제해결책 고안하기	• 문제해결책 고안 능력* • 자기주도성/협동 능력 • 의사소통 능력/협동 능력	• 수행평가 (관찰/포트폴리오)
발표 및 평가하기	• 발표내용 구성 및 발표력* • 의사소통 능력/협동 능력	• 수행평가 (관찰)

* 창의적 문제해결력에 포함되는 항목임.

3. PBL 교수 · 학습 절차 및 방법

여기서는 앞서 소개한 조연순의 PBL 교수 · 학습 과정 모형([그림 5-1] 참조)에서 제시하였던 다섯 단계가 왜 필요하며 어떤 의미를 갖고 있는가를 설명하고자 한다. 또한 각 단계별로 학생들을 어떻게 안내할 것인지를 문제개발 과정에서 예로 들었던 '지진' 문제를 중심으로 자세히 살펴보고자 한다.

1) 문제 만나기

문제중심학습은 학생들이 자신의 문제로 인식할 수 있는 실제적인 문제에 당면하는 것으로부터 수업이 시작된다. 그러나 문제가 주어졌다고 해서 모든 학생이 그 문제를 즉시 인식하고 파악하는 것은 아니다. 학생들이 문제를 어떻게 이해하는가에 따라 문제해결은 여러 방향으로 분산될 수 있고, 문제를 잘못 이해하게 되면 해결의 실마리를 찾는 것도 불가능해진다. 따라서 문제 만나기 단계는 '학생들이 문제를 만나 문제를 이해하기까지의 과정'으로 이해해야 하는데, 이 과정을 위해서는 다음의 세 단계를 거치는 것이 도움이 된다.

(1) 동기유발

'동기유발'이란 학습자가 '내적 추진력을 갖도록 처음에 어떻게 도와줄 것인지를 계획하는 것'을 의미한다. 문제중심학습에서 학생들에게 제시되는 문제는 학생들의 본질적인 흥미를 유발하게 한다는 장점이 있으나 학생의 수준에 따라서 너무 갑작스러울 수도 있다. 이런 경우, 학생들의 정신적 이완작용을 위해서 앞으로 제시될 문제의 내용과 관련된 학생들의 직 · 간접적 경험을 이끌어 내는 활동이 필요하다.

경험과 연관을 많이 지어 줄수록 학생들은 더 능동적이고 적극적인 태도를 갖게 된다. 다음과 같은 발문은 문제를 접할 준비를 하는 데 도움을 줄 수 있는데, '~에 대해 들어 보았는가?' '~에 대해 생각해 본 적이 있는가?' '~에 대해 궁금하다고 생각한 적은 없는가?' 등과 같은 질문을 함으로써 문제를 학생들의 경험과 직접 연결할 수도 있고, '○○는 ~한 일을 겪게 되었는데, 왜 그런 일이 일어나게 되었을까?' 라는 식으로 제3자의 경험에 비추어 간접 경험을 끌어들일 수도 있다.

어린 학생들의 경우에는 시청각 자료가 효과적이다. 문제개발 과정에서 문제로 가능성이 있다고 생각한 아이디어의 출처를 활용할 수도 있다. 아이디어의 출처란 신문이나 방송매체, 이야기책 등에 나와 있는 사진이나 그림, 각종 동영상 자료, 녹음 자료 등 문제를 찾게 된 자료를 말한다. 동기유발 시 소수의 학생들에게만 제한하지 않고 모든 학생이 문제에 관련된 자신의 경험에 관해 생각하고 참여할 수 있도록 보다 많은 예시 자료를 준비해 두는 것이 좋다.

동기유발을 돕기 위해 교사는 다음과 같은 발문을 사용할 수 있다.

교사 활동 및 발문

(사진, 그림, 신문, 이야기책, 동영상 자료 등을 제시하며)
1. 이것을 보고 생각나는 것은 무엇인가요?
2. 이와 비슷한 경험을 한 적이 있나요?
3. 이 자료를 보고 궁금한 점이 있나요?
(다른 자료를 추가로 제시한 다음 동일한 질문을 할 수 있다.)

(2) 문제제시

문제개발 과정에 대해 이미 자세히 소개하였기 때문에 여기서는 개발된 문제를 학생들에게 보다 효과적으로 제시하는 방법을 제안하고자 한다. 학생들에게 제시할 문제는 주로 실생활에서 접하는 정보, 즉 신문이나 방송의 기사, 동화나 소설 등의 책, 영화, TV 프로그램 등에서 찾을 수 있다. 도처의 정보에서 교육적 의미 내지는 교육과정과의 관련성을 찾아내어 문제로 재구성하는 것은 교사로서 전문성이 요구되는 일이다.

또한 실재감을 최대한 높이기 위해 어떤 방법으로 학생들에게 문제를 소개할 것인가에 대해서도 교사의 독창적인 아이디어가 필요하다. 개발된 문제는 동영상 자료, 역할극, 글, 전문가 초빙, 교사의 구두설명 등 다양한 형식으로 제시될 수 있다. 어떤 형식이든 문제가 교사에 의해 일방적으로 결정되어 학생들에게 던져진다는 생각에서 벗어나야 한다. 문제제시의 다양한 형식 중 문제중심학습을 전체 학년이 함께 시도하고자 하는 경우는 학교 차원의 방송 형태로 제시할 수 있으며, 공고문을 제작하여 학년 복도에 게시하는 것도 좋다. 또한 다양한 인적 자원도 활용할 수 있다.

예를 들어, 교실에서 친구들 사이에 관심을 모으는 '비만' 문제를 제시하고자 할 때는 보건 선생님의 도움을 받을 수 있고, 학교 공원화를 위한 '학교 숲이나 연못 가꾸기' 문제를 위해서는 교장 선생님이 직접 제시할 수 있다. 또한 외부자원 인사나 관련 기관의 담당자, 국회의원 등도 문제제시를 위해 활용할 수 있는 인적 자원이 된다. 이를 위해서는 교육활동에 대한 학교와 지역사회의 합의된 교육철학이 필요하다. 초등학교 4학년 과학의 '화산과 지진' 단원과 관련하여 학생들이 관심을 보일 만한 '지진' 문제는 4장의 〈사례 4-3〉에서와 같이 제시될 수 있다.

(3) 문제파악

제시된 문제가 어떤 상황에서 어떻게 발생한 것이며, 무엇이 해결되어야 하는지를 학생들 스스로 정의하는 과정은 문제해결의 출발점이다. 문제를 제시했을 때 학생에 따라서는 문제가 요구하고 있는 것이 무엇인지 이해하지 못하는 경우가 종종 발생한다. 따라서 다음과 같은 발문을 통해 발표를 하게 하거나, 문제를 자신의 글로 다시 적어 보게 함으로써 학생의 문제 이해도를 확인해 볼 수 있다.

교사 활동 및 발문

1. 각자 문제를 읽고 중요한 부분에 밑줄을 그어 보세요.
2. 해결할 문제가 무엇인가요? 뜻을 모르는 낱말이나 문장이 있나요?
3. 다른 사람에게 자신의 말로 문제를 다시 말해 줄 수 있나요?
4. 해결해야 할 문제가 무엇인지 적어 보세요.

---

2) 문제해결 계획 세우기

두 번째 단계인 문제해결 계획 세우기 활동은 문제해결에서 핵심적인 부분이라고 할 수 있다. 문제가 한 단원 수준의 긴 탐색과정을 거쳐야 하므로 즉각적으로 아이디어를 찾는 것부터 시작하는 것보다는 문제해결을 하기 위해 '알고 있는 것' '알아야 할 것' '알아내는 방법' 등을 차근차근 생각해 보도록 차트를 만드는 것이 좋다.

교사는 칠판이나 전지를 준비하고, 문제해결을 위해 무엇을 생각해 보아야 하는지 〈표 5-3〉과 같이 칸을 나누어 정리 · 기록함으로써 이것이 곧 '문제해결 계획'이 된다는 것을 명시적으로 학생들이 알 수 있도록 한다.

〈표 5-3〉 **문제해결 계획표**

알고 있는 것	알아야 할 것	알아내는 방법
1)	1)	1)
2)	2)	2)
.	.	.
.	.	.

문제해결 계획을 위해 교사는 다음과 같은 질문으로 학생들의 생각을 이끌어 내도록 한다.

교사 활동 및 발문

1. 우리는 문제와 관련하여 무엇을 알고 있나요?
2. 문제를 해결하기 위해 무엇을 더 알아야 하나요?
3. 각 내용은 어떤 방법으로 알아낼 수 있나요?

문제의 성격에 따라서 다른 형태의 차트를 활용할 수도 있다. '알고 있는 것'에 대한 활동으로 마인드맵을 활용할 수 있고, '알아야 할 것'이나 '알아내는 방법'을 위해서는 브레인스토밍(brainstorming)이나 브레인라이팅(brainwriting; 제3장 참조)으로 확산적 사고를 촉진시킬 수 있다. 이때 주로 문제해결을 위해 필요하다고 생각되는 교육과정의 내용을 최대한 포함시키고, 교육과정 내용이라 하더라도 덜 핵심적인 내용이거나 문제해결에 무관한 내용일 때는 학생들의 동의를 구하여 삭제할 수 있다. 또한 학생들의 대답에서 문제해결에 필요한 내용이 나오지 않을 때는 교사가 제안할 수도 있다. 알아야 할 항목들이 정리가 된 다음에는 어떤 순서로 그러한 것들을 탐색하는 것이 좋을지 탐색의 순서도 학생들과 함께 정하는 것이 좋다.

알아야 할 내용들이 정리되고 나면 알아내는 방법에 관한 토의를 시작한다. 탐색 방법은 다양하지만 내용에 적절한 방법을 선택할 수 있도록 지도한다. 도서관이나 서점의 사이트를 방문하여 도서를 검색해 볼 수도 있고, 관련 기관의 홈페이지를 방문하여 전문가를 찾거나 문제에 관련된 여러 가지 정보를 구할 수도 있다. 문제를 해결해 나가는 과정에서 인터넷상의 정리되지 않은 자료를 찾아보고 분석 · 통합하는 과정 또한 학생들에게 매우 중요하다. 그러나 최근 우리나라에서는 성인이나 학생들 대다수가 모든 정보를 인터넷에만 의존하는 경향이 있어서 지식교육이 약화되는 경향이 있다. 정보는 인터넷에서 얻을 수 있지만 학생들이 탐색해야 할 내용은 정보뿐만 아니라 지식에 해당하는 것들이 많으므로, 교사는 학생들이 책이나 직접적인 실험 혹은 전문가 초청 등의 다양한 방법을 생각해 보도록 유도하는 것이 필요하다. 〈표 5-4〉는 '지진' 문제를 해결하기 위해 작성한 문제해결 계획표의 예이다.

〈표 5-4〉 '지진' 문제해결 계획표

알고 있는 것	알아야 할 것	알아내는 방법
• 지진이 발생하면 땅이 흔들리거나 갈라진다. • 지진이 일어나면 많은 피해를 입는다. • 우리나라(경주)에서 지진이 발생하였다.	• 지진은 왜 발생하는가? • 지진의 피해는 어느 정도인가? • 지진 규모를 측정하는 방법과 도구에는 어떤 것들이 있는가? • 지진을 대비하기 위한 방법에는 어떤 것들이 있는가?	• 지진 발생 실험 • 국민안전처 및 기상청 홈페이지 • 웹사이트 검색 • 지진센터 등 지진연구기관 홈페이지 • 교과서와 신문기사 • 지진과 관련된 도서 조사 • 효과적인 방송기법 토의

3) 탐색 및 재탐색하기

'탐색'이란 문제해결 계획 세우기 단계에서 학생들이 결정한 '알아야 할 것'을 단계적으로 수행하기 위한 여러 차시 분량의 학습활동을 말한다. 이때 학생들이 제시하였던 '알아야 할 것'의 적합성에 대해 재검토하면서 교사는 활동별로 학습 집단을 구성하고 시간을 배분하며 세부적인 교수 · 학습방법을 계획한다. 문제해결을 위한 탐색은 실험활동이나 교사 주도의 전체 수업이 될 수도 있고, 협동학습이나 집단연구와 같은 모둠별 수업이 될 수도 있다. 즉, 이 단계에서는 다양한 교수 · 학습방법과 전략이 활용된다. 가령, 문제해결에 중요한 개념적인 내용일 때는 전체 학습이 효과적이며, 다양한 주제나 제재에 대한 내용은 모둠활동을 통해 탐구학습, 협동학습, 특히 직소우 II(Jigsaw II) 방법 등을 활용하는 것이 효과적이다. 이 밖에 다른 교수 · 학습방법들도 선택할 수 있다(제3장 참조).

〈표 5-5〉 '지진' 문제를 위한 탐색과정

탐색과정	탐색방법
[탐색활동 1] 지진의 개념과 지진의 발생 원인 알아보기 [탐색활동 2] 국내외의 지진으로 인한 피해 정도 알아보기 [탐색활동 3] 지진규모 측정 요소와 도구 알아보기 [탐색활동 4] 지진에 대비하고 대처하기 위한 방법 알아보기	• 지진 발생 실험(전체) • 교과서와 신문기사 검색(모둠별) • 기상청, 지진센터, 국민안전처 방문이나 홈페이지 검색(모둠별) • 기상청 홈페이지 검색(모둠별)

교사 활동 및 발문

1. 이 시간에는 무엇을 할 계획인가요?
2. 이 내용은 꼭 알아야 하나요? (이러한 활동은 왜 하나요?)
3. 이 시간의 탐색활동은 전체 문제해결에 어떤 도움을 주나요?
4. 좀 더 알아야 할 내용은 없나요?

계획에 따라 탐색활동을 진행하다 보면 예상하지 못했던 문제에 부딪혀 이를 해결할 필요가 생기는 경우가 있다. 하나의 지식이 또 다른 지식의 기초가 되는 것과 같이 하나의 문제는 얼마든지 다른 문제를 파생시킬 수 있기 때문이다. 탐색활동 이후에 계획된 탐색만으로 충분히 문제를 해결할 수 있는지에 대한 점검을 통해서 학생들이 계획단계에서 언급하지 않았던 다른 학습내용을 알아야 할 필요성을 발견한다면 새로운 탐색활동 계획을 추가할 필요가 있다. 이를 '재탐색활동'이라 한다.

따라서 탐색과정이 이루어진 후에는 문제해결 계획표로 돌아가서 학생들과 함께 '알아야 할 것' 항목에 탐색을 통해 알아낸 정보는 하나씩 체크하고, 부가적으로 발생한 탐색활동을 추가한다. 이때 교사는 전지를 칠판에 붙여 놓고 직접 기록하도록 하는데, 새롭게 '알아야 할 것'이 결정되면 '알아내는 방법'에 대해서도 다시 의논해서 기록하여 '재탐색활동'을 결정한다. 이러한 반성의 과정은 모둠별로 먼저 실시하고 다시 전체로 확장하면 다양한 의견을 수렴할 수 있다. 모둠별로 의견 수렴이 어려운 저학년 학생들의 경우는 전체 학생을 대상으로 교사의 적절한 안내와 발문을 통해 이 과정을 진행할 수 있다.

〈표 5-6〉은 '지진' 문제해결 과정 중 추가될 수 있는 재탐색활동의 예이다.

〈표 5-6〉 **'지진' 문제를 위한 재탐색활동**

탐색과정	탐색방법
[탐색활동 5] 간이 지진계 만들어 보기 [탐색활동 6] 지진 경험하기	• 인터넷 지진 자료 검색(모둠별) • 지진체험 시설 또는 지진연구 시설 견학(전체)

교사 활동 및 발문

(문제해결 계획표를 칠판에 붙여 놓고 함께 보면서)

1. 그동안 ~문제를 해결하기 위해 계획한 대로 여러 가지 내용을 알아보았습니다. 이 과정에서 이해가 잘 안 되었거나 더 알아보아야 할 것이 있나요?

   (학생들의 대답을 듣고 여러 학생의 동의를 얻어 문제해결 계획표에서 '알아야 할 것' 항목에 추가로 기록한다.)

2. 이 내용은 어떤 방법으로 알아볼까요?

   (학생들의 대답을 듣고 여러 학생의 동의를 얻어 문제해결 계획표에서 '알아내는 방법' 항목에 추가로 기록한다.)

4) 해결책 고안하기

이 과정은 그동안 탐색하였던 다양한 지식과 정보를 활용하여 해결책을 만드는 단계이다. 해결책이란 학생들의 가시적인 수행 결과나 성과물을 의미하며, 프레젠테이션, 편지, 발명품, 설계도, 광고, 연극, 실험 등의 다양한 형태가 가능하다. 수행 이전에 해결책을 평가하는 기준을 학생들에게 제시함으로써 해결책을 제안하는 데 도움을 줄 수 있다. 그러나 자칫 다양하고 자유로운 사고를 제한할 수 있으므로 해결할 수행과제의 성격에 따라 교사가 판단하여 결정해야 한다. 학생들이 해결책을 제시할 때는 그러한 해결책을 제안하게 된 이유도 함께 설명하게 한다.

학생들은 모둠별로 다음과 같이 문제해결책을 제안할 수 있다.

전교 어린이 여러분, 안녕하세요? 저는 우리 학교의 지진 대응 교육 프로그램 담당자 ○○○입니다. 지난 9월 12일 저녁 경주에서 규모 5.8의 강한 지진이 일어났는데, 역사상 가장 큰 규모의 지진이었다고 합니다. 따라서 이제 우리나라도 더 이상 지진 안전지대라고 할 수 없을 것 같아요. 그래서 제가 오늘부터 한 달 동안 지진은 왜 일어나는지에 대해 알려 주고 지진에 대한 대비방법과 지진 발생 시의 대피방법 등 여러분들을 위한 지진 대응 안전교육을 하려고 해요.

(중략)

이상 지진 대응 안전교육을 마칩니다.

교사 활동 및 발문

1. 지금부터 그동안 탐색활동 과정에서 배운 것을 잘 활용하여 가장 최선의 해결책을 제안해 보세요.
2. 왜 그 해결책이 최선의 해결책인지도 설명해 보세요.

5) 발표 및 평가하기

이 단계에서는 학생들이 발표한 해결책에 대해 '자기평가'와 '상호평가', '과정평가'와 '결과평가'를 할 수 있다. 해결책은 평가기준(rubric)에 비추어 어느 정도 잘 수행되었는지(자기평가), 어떤 집단의 수행 결과가 가장 바람직한 해결책이라고 볼 수 있으며, 왜 그렇게 생각하는지(상호평가) 등을 검토하도록 한다. 또한 학생들 스스로가 문제해결의 전 과정을 경험하면서 어떤 점에서 어려움을 겪었으며 어느 부분에서 만족스러웠는지 등도 반성하게 한다.

이 단계에서 학생들이 문제중심학습 전체를 스스로 평가함으로써 이후의 학습활동에 대한 피드백을 제공받으며 '비판적 사고력'을 기를 수 있다. 또한 평가는 학생들이 어떤 지식을 습득하였고, 어떻게 그 지식을 습득하였으며, 왜 누구를 위해 그 지식이 중요한지에 대해 스스로 이해하는 데 도움이 된다. 평가요소는 해결책의 내용, 프레젠테이션 기술, 협동 능력 등이 될 수 있다.

다음은 '지진' 문제의 해결책에 대한 '결과평가표'와 학생들 스스로의 학습과정에 대한 '과정평가표'의 예이다(〈표 5-7〉과 〈표 5-8〉 참조).

〈표 5-7〉 '지진' 문제에 대한 결과평가표

다른 팀의 '지진 대응 교육 프로그램' 평가해 보기	잘함	보통	부족
1. 지진 발생의 원인을 바르게 해석하고 설명하였다.			
2. 지진 피해를 바르게 설명하고 예측하였다.			
3. 지진에 대한 대비 및 대피 요령을 자세하게 설명하였다.			
4. 내용이 적절하고 방송의 특성을 살려 창의적으로 표현하였다.			

〈표 5-8〉 '지진' 문제에 대한 과정평가표

자기 팀의 학습과정 평가해 보기	잘함	보통	부족
1. 우리 팀은 역할분담을 잘 하였다.			
2. 우리 팀은 맡은 역할을 모두 열심히 수행하였다.			
3. 우리 팀은 모두 적극적으로 의견을 제안하였다.			
4. 내용이 적절하고 방송의 특성을 살려 창의적으로 전달하였다.			

교사 활동 및 발문

1. 이제 여러 팀의 해결책을 보았습니다. 평가기준에 따라 자기 팀과 다른 팀을 평가해 보고 어느 팀이 가장 좋은 해결책을 제시하였으며 그렇게 생각하는 이유를 말해 보세요.
2. 지금까지 이 문제를 해결하는 과정에서 가장 어려웠던 점은 무엇이고 가장 만족스러웠던 점은 무엇인가요?
3. 우리 팀은 문제해결 활동에 적극적으로 참여했나요? 또한 협력을 잘 했나요?
4. 이 문제를 해결하면서 더 궁금해진 것은 없나요?

4. PBL 평가방법

교수 · 학습 과정에 관한 교사 자신의 평가는 제1부 제1장의 '평가자로서의 교사' 부분에서 이미 언급하였으므로, 여기서는 학생들의 학습 과정과 결과에 관한 평가에 관해 다루고자 한다. 문제중심학습의 목적은 학습에 대한 학습자의 흥미를 이끌어 내고 학습의 전이와 통합 능력과 실생활 문제를 창의적으로 해결하는 능력을 향상시키도록 함에 있다. 또한 자기주도성과 다양화 · 전문화된 시대에 타인과 협동하는 능력을 기르도록 하는 목적을 갖고 있다. 따라서 그러한 역량들을 중심으로 학생들의 학습 과정과 결과에 대한 평가방법을 제시해 보고자 한다.

1) 지식 습득에 대한 평가

지식 습득에 대한 평가는 문제중심학습을 통해 학습하게 된 지식에 관한 학생의 이해 정도를 파악하는 데 그 목적을 둔다. 따라서 지식 습득에 대한 평가는 해당되는 교육과정 목표를 기초로 하며, 일반적으로 학교에서 교사들이 제작하여 실시하는 지필평가로 가능하다. 그러나 단편적인 지식보다는 핵심적인 지식에 대한 깊은 이해도를 중심으로 평가하는 것이 바람직하다.

앞서 '지진' 문제를 문제중심학습으로 개발하면서 내용지식과 과정지식(기능), 태도의 세 가지 하위 영역으로 구분하여 교육과정 목표를 재구성한 것(제4장의 〈표 4-2〉 참조)에 기초하여 평가내용을 제시하면 〈표 5-9〉와 같다.

〈표 5-9〉 '지진' 문제에서 지식 영역의 평가 요소, 내용 및 방법

평가요소	평가내용	평가방법
내용지식	• 지진의 개념 및 발생 원인을 설명할 수 있는가? • 지진의 규모에 따른 피해 정도를 설명할 수 있는가? • 지진에 대비하는 방법과 지진 발생 시 대피하는 방법을 열거할 수 있는가?	• 지필평가
과정지식 (기능)	• 우리나라와 세계 여러 나라의 지진 발생 관련 정보를 찾을 수 있는가? • 지진 발생 기록을 분석하고 규모를 비교할 수 있는가? • 지진 발생 현황을 통해 미래 지진 발생을 예측할 수 있는가?	• 수행평가 -관찰(체크리스트) -포트폴리오
태도	• 지진에 대해 관심을 보이는가? • 지진에 대한 대피와 대비활동에 적극적인 관심과 태도를 보이는가?	• 수행평가 -관찰(체크리스트)

2) 창의적 문제해결력에 대한 평가

창의적 문제해결력에 대한 평가에서는 문제를 인식하고, 그에 따른 자료를 수집하며, 수집한 자료와 지식을 활용하여 복합적인 실제 문제를 창의적이고 비판적으로 해결해 나가는 능력을 파악하도록 해야 한다. 따라서 문제중심학습의 각 단계를 진행하는 과정에서 〈표 5-10〉과 같이 교사가 학생관찰을 통해 또는 학습활동의 산출물 등을 통해 과정 중심으로 평가를 할 수 있다.

〈표 5-10〉 '지진' 문제에서 창의적 문제해결력의 평가 요소, 내용 및 방법

평가요소	평가내용	평가방법
문제 발견 및 인식 능력	• 해결해야 할 문제가 지진 대응 안전교육을 방송 프로그램으로 제작하는 것임을 인식하는가? • 지진 대응 안전교육 프로그램에 포함되어야 할 내용들이 무엇인지 정확하게 파악하는가?	• 지필평가 -학습지 활용 • 수행평가 -관찰(체크리스트)
문제해결 계획 능력	• 지진 대응 안전교육 프로그램을 만들기 위해서 알아야 할 것들을 다양하고 구체적으로 제시할 수 있는가? • 알아내는 방법을 다양하고 구체적으로 제시할 수 있는가?	• 지필평가 -학습지 활용 • 수행평가 -관찰(체크리스트)
문제해결책 고안 및 발표능력	• 지진 대응 안전교육 프로그램을 지진에 대해 탐색했던 지식과 정보를 활용하여 적절하고 창의적으로 고안할 수 있는가? • 발표방법이 학교 방송 프로그램으로 적절하고 창의적인가?	• 수행평가 -관찰(체크리스트) -포트폴리오

또한 수업이 끝난 이후에 수업내용과 관련된 새로운 문제상황을 설정하여 평가할 수도 있는데, 그런 경우에는 학생들이 문제해결 과정과 결과를 상세히 기술할 수 있도록 한다.

[그림 5-3]은 지진과 관련된 창의적 문제해결력 평가를 위해 개발한 문제의 한 예

경주에서 슈퍼마켓을 운영하는 상점 주인은 최근 일어난 지진으로 인해 마트에 정리해 둔 물건들이 모두 쏟아지고, 부서져서 아주 큰 피해를 입었습니다. 또다시 일어날 수 있는 여진에 대비하여 안전하고 더 큰 피해가 없도록 상품을 다시 정리하려고 합니다. 여러분이 상점 주인이라면 물건들을 어떻게 진열하겠습니까?

1. 안전한 진열방법에 대해서 자신의 생각을 그림으로 그리고 설명해 보세요.

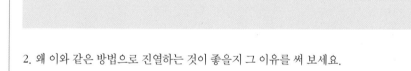

2. 왜 이와 같은 방법으로 진열하는 것이 좋을지 그 이유를 써 보세요.

[그림 5-3] '지진' 문제에서 창의적 문제해결력 평가문제

이다. 이 문제에서는 지진 대응 안전교육 프로그램의 필요성에 대해서 이해하였는지, 지진의 위험성에 대해 인식하며 지진 발생 원인과 지진으로 인한 피해, 지진 발생 시 대처방법을 올바르게 설명하고 적극적으로 대응·실천하려는 의지를 가지고 있는지 등이 평가기준이 된다.

3) 자기주도적 학습능력에 대한 평가

자기주도적 학습능력에 대한 평가는 문제인식 후 학습내용과 방법을 학생들이 스스로 계획하고 결정하며 학습을 진행하였는가, 즉 학습자 중심의 학습이 이루어졌는가를 평가하는 데 그 목적이 있다.

Simsons(1993)는 이를 위해 여러 문헌을 종합해 본 결과, 자기주도적 학습능력을 파악하기 위해서는 다음에 제시된 요소들을 관찰해야 한다고 제안하였다.

- 과제, 자료 선택에 대한 자율성
- 학습 의욕 및 동기
- 과제해결에 대한 책임감
- 학습에 대한 만족감
- 학습 흥미

자기주도적 학습능력을 기르기 위해서는 자신이 학습하는 과정이나 성취한 결과에 대해 스스로 평가할 수 있는 능력을 길러 주어야 하며, 전체 교수 · 학습 과정에서 학생 스스로가 자신의 학습 과정과 결과를 평가해 볼 수 있는 기회를 갖도록 해야 한다. 그러므로 학생 스스로 하는 '자기평가'와 '교사관찰'을 통한 수행평가 방법을 병행하여 활용하는 것이 바람직하다. 〈표 5-11〉은 자기주도적 학습능력에 대한 자기평가표의 한 예이다.

〈표 5-11〉 '지진' 문제에서 자기주도적 학습능력에 대한 평가

학년:	이름:		날짜:		
평가요소	평가내용		잘함	보통	미흡
과제, 자료 선택에 대한 자율성	나는 '지진' 문제를 해결하기 위해 계획에서 준비, 조사까지 스스로 했다.				
학습 의욕 및 동기	나는 '지진'에 관심을 갖고 지진 대응 교육 프로그램을 개발하기 위해 능동적으로 참여하였다.				
과제해결에 대한 책임감	나는 '지진' 문제해결 과정에서 어려움이 있더라도 끝까지 노력했다.				
학습에 대한 만족감	나는 '지진' 문제의 해결을 위한 활동에 만족한다.				
학습흥미	나는 '지진' 문제를 해결해 가는 활동과정이 매우 흥미 있었다.				

4) 의사소통 능력 및 협동 능력에 대한 평가

의사소통 능력 및 협동 능력에 대한 평가는 모둠별 학습활동 과정에서 동료들과 함께 학습하는 기술과 능력을 파악하는 데 그 목적이 있다.

Johnson과 Johnson(1986)은 협동학습의 특징으로 협동성, 상호의존성, 책무성 등을 제시하였다. 협동 능력에 관한 평가는 협동학습이 이루어지는 탐색 단계와 해결책 고안 단계에서 참여성, 책임감, 의사소통 등의 요소를 중심으로 교사의 관찰을 통하여 과정중심의 수행평가를 할 수 있다.

교사관찰 이외에 학생들 스스로 하는 '자기평가'와 모둠 구성원 간의 '상호평가' 방법 등을 함께 사용할 수 있다. 〈표 5-12〉는 협동학습과정에서 학생 스스로 평가해 볼 수 있는 자기평가표의 한 예이다.

〈표 5-12〉 '지진' 문제에서 의사소통 능력 및 협동 능력에 대한 평가기준

학년:	이름:			
평가요소	평가내용	잘함	보통	미흡
참여성	나는 모둠원과 의견을 나눌 때 열심히 참여하였나?			
	나는 활동에 열심히 참여하였나?			
책임감	나는 모둠에서 내가 맡은 역할을 열심히 하고 끝까지 최선을 다하였나?			
	나는 모든 활동을 마친 후 뒷마무리를 잘 하였나?			
의사소통 능력	나는 내 생각을 모둠원에게 이야기했나?			
	나는 모둠원의 의견을 귀담아들었나?			
	나는 모둠원이 도움을 청할 때 잘 도와주었나?			
	내 생각이 모둠원과 같지 않을 때 정당한 이유를 제시하여 그 모둠원을 설득시켰나?			

요약

이 장에서는 **문제중심학습의 다양한 교수 · 학습 모형**을 살펴보았으며, 교수 · 학습 활동을 계획하는 과정을 교수 · 학습과 평가과정으로 구분하여 설명하였다. 그런 다음 **교수 · 학습 절차**를 다섯 단계로 나누어서 구체적으로 제시하였는데, 그 단계는 다음과 같다.

- **문제 만나기**: 문제중심학습은 문제를 만나는 단계로부터 시작된다. 그러나 문제에 익숙하지 않은 학생들에게는 '동기유발'부터 시작하는 것이 좋다. 이어서 '문제제시'를 하고, 문제가 무엇을 요구하는지를 학생의 입장에서 확인하는 '문제파악'이 필요하다. 이 단계에서는 창의적 사고력 및 비판적 사고력을 통한 학생들의 문제발견능력이 길러진다.
- **문제해결 계획 세우기**: 문제를 이해한 후에는 문제를 어떻게 해결할 것인가에 대한 계획을 세우는 단계가 필요한데, 이때 문제에 대해 '이미 알고 있는 것' '더 알아야 할 것' '알아내는 방법'에 대한 도표를 만든다. 이 단계에서도 학생들의 창의적 사고력과 비판적 사고력이 길러질 수 있다.
- **탐색 및 재탐색하기**: 탐색활동은 '더 알아야 할 것'을 알아 가는 단계이며, 학교 교육과정에서 의도하고 있는 지식과 정보를 학습자들이 찾고 배워 가는 단계이다. 탐색활동을 마친 다음에는 더 탐색할 것이 없는지 점검하는 재탐색활동이 필요하다. 이러한 활동을 통해 학생들의 전문적 지식 습득과 함께 비판적 사고력이 길러진다.
- **해결책 만들기**: 탐색활동과 재탐색활동을 통해 찾고 배운 지식을 활용하여 문제에 대한 해결책을 만드는 단계이다. 이때 학습자 간의 의사소통 및 협동 능력이 증진되고, 다양한 해결책을 계획함으로써 학생들의 창의적 사고력과 비판적 사고력이 꽃을 피워 창의적 문제해결력이 길러진다.
- **발표 및 평가하기**: 학생들이 고안한 해결책을 다양한 방법으로 발표하는 단계에서도 역시 학생들의 창의성이 길러지게 된다. 또한 학생들이 발표하였던 해결책과 해결과정에 대하여 자기평가와 상호평가를 하게 함으로써 학생들의 비판적 사고력을 기르게 할 수 있다.

평가 방법으로는 지식 습득에 대한 요소별 평가방법, 창의적 문제해결력과 자기주도적 학습능력, 의사소통 능력 및 협동 능력에 대한 평가방법을 제시하였다.

제3부

문제중심학습의 실행

제3부에서는 제2부에서 설명하였던 문제중심학습의 문제개발과 교수ㆍ학습 과정 절차에 따라 문제를 개발하여 수업에 적용하였던 수업실행 사례를 교과별로 나누어서 제시하고자 한다. 모든 교과를 다 제시하지는 못하고 **사회과**와 **과학과** 수업사례를 제시하지만, 문제중심학습은 어떤 교과나 학년에도 적용 가능하다.

제6장

사회과 수업사례

사회과는 현실적 맥락의 교과이기 때문에 사회에서 일어나는 모든 사건이 문제중심학습의 문제가 될 수 있다. 또한 학습자가 현실 맥락에서 문제해결자가 되기 때문에 능동적이고 자기주도적으로 수업에 참여하게 되어, 학습 효과를 최대로 올리는 교과가 될 수 있다.

이 장의 수업에서는 학생들이 지역사회의 역사와 문화, 자연에 대해 이해하고, 당면한 문제점도 찾아봄으로써 지역사회에 대한 종합적인 이해와 능력을 기르게 하고자 '마을 공동체 만들기'라는 문제상황을 설정하였다. 학생들은 문제해결자가 되어 문제를 해결하는 과정 중에서 필요한 지역사회에 대한 지식과 정보를 스스로 탐색하면서 지역사회 발전에 관심을 갖게 될 것이다.

마을 공동체 만들기 – 지역사회의 발전(4학년)

1. 문제개발 과정

1) 교육과정 고려하기

2009 개정 교육과정에서 사회과 4학년 2학기 '지역사회의 발전'은 '지역의 발전을 위해 주민의 한 사람으로서 지역 문제를 해결하는 능력과 자발적인 참여 태도를 기르기 위해' 설정되었다. 이를 위해서는, 먼저 지역사회에 대하여 관심을 가져야 하고 지역사회 전반에 대해 이해해야 하므로 지역의 상징물과 지역의 문제 그리고 주민 참여를 통한 지역의 발전에 대하여 알아보도록 구성되어 있다. 단원의 구체적인 목표는 〈표 6-1〉과 같다.

〈표 6-1〉 **2009 개정 교육과정에서의 '지역사회의 발전' 단원의 목표**

지식목표	• 상징의 의미를 이해하고 지역의 상징물에는 어떤 종류가 있는지 이해한다. • 지역에는 여러 가지 문제가 발생함을 알고, 지역의 문제를 해결하기 위한 방법으로 주민참여 및 자원봉사의 의미와 중요성을 이해한다. • 지역 주민들이 바라는 지역의 미래 모습을 알 수 있다.
기능목표	• 우리 지역의 특성을 반영한 나만의 캐릭터를 제작할 수 있다. • 지역 문제의 사례를 신문이나 인터넷에서 찾아 정리하여 보고서로 작성할 수 있다.
가치, 태도 목표	• 상징물에 담긴 지역의 특성을 파악하고 지역을 사랑하는 마음을 기른다. • 지역 문제를 해결하기 위한 시민단체의 활동을 이해하는 태도를 기른다. • 우리가 살고 있는 지역을 사랑하고 지역 발전에 적극 참여하는 태도를 기른다.

이 단원은 2015 개정 교육과정에서는 4학년 1학기 '우리 지역의 어제와 오늘'이라는 대단원으로 개정되며 '지역의 위치와 특성' '우리가 알아보는 지역의 역사' '지역의 공공 기관과 주민참여' 등 세 개의 중단원으로 구성되어서 2009 교육과정과 비교해 볼 때 '지역사회'가 강조되었다. 정치, 지리 등의 각 학문 영역별로 핵심개념, 일반화된 지식, 내용요소와 기능으로 구분하여 제시한 것 중 '지역사회'와 관련된 핵심개념과 내용을 중심으로 정리해 보면 〈표 6-2〉와 같다.

〈표 6-2〉 2015 개정 교육과정에서 '지역사회의 발전' 단원의 내용체계표

영역	핵심개념	내용요소	기능
정치	정치과정과 제도	• 지역사회 • 주민참여 • 지역문제 해결	• 조사하기/분석하기 • 참여하기/비평하기 • 의사결정하기
지리	지리적 속성	• 고장의 위치와 범위	• 인식하기/수집하기
장소와 지역	지역	• 지역 중심지의 위치, 기능, 경관 특성	• 기록하기/해석하기
역사 일반	역사의 의미	• 우리가 알아보는 고장 이야기(옛이야기, 문화유산, 지명)	• 비교하기/구분하기 • 공감하기

이 단원은 지역의 특성을 알아보고, 지역에서 일어나는 여러 가지 문제를 찾아 그것을 해결하기 위한 대안을 제시하며, 다양한 방법으로 지역의 미래 모습을 표현하도록 되어 있다. 그러나 학생들은 지역의 특성이나 이웃에 대하여 관심이 적어서 학생들의 흥미를 유발하고, 자기주도적으로 학습을 해 나가도록 하기 위해서는 문제중심학습으로 구성할 필요가 있다.

이를 위해 현행 교육과정 목표를 고려하되 단원의 핵심개념인 '지역사회 발전'을 중심으로 "지역의 특성과 문제를 파악하고 이를 해결하기 위하여 주민참여의 필요성을 이해하고 창의적으로 지역 문제를 해결할 수 있다."로 전체적인 목적을 설정하고 '내용지식' '과정지식' '태도'의 하위 영역으로 구분하여 〈표 6-3〉과 같이 구체적인 문제중심학습의 목표를 설정하였다.

〈표 6-3〉 **재구성한 '지역사회 발전' 단원의 영역별 목표**

내용지식	• 지역의 역사와 환경을 이해한다. • 행정구역의 의미와 역할을 이해한다. • 주민참여 활동과 지역의 문제점을 파악하여 설명할 수 있다.
과정지식 (기능)	• 우리 지역의 특성을 반영한 나만의 캐릭터를 제작할 수 있다. • 지역 문제를 다양한 방법으로 조사하고 해결책을 세울 수 있다.
태도	• 지역 문제에 관심을 가지고 주민들 간에 서로 다른 입장이 있다는 것을 이해하 려고 노력한다. • 우리가 살고 있는 지역을 사랑하고 지역 발전에 적극 참여하는 태도를 기른다.

2) 학습자 특성 파악하기

4학년 학생들에게는 '지역사회'라는 용어가 어렵게 느껴지기 때문에 '우리 마을' '우리 지역' '서울(해당 지역명)' 등으로 바꾸어 떠오르는 생각을 마인드맵으로 그려 보게 하였다([그림 6-1] 참조).

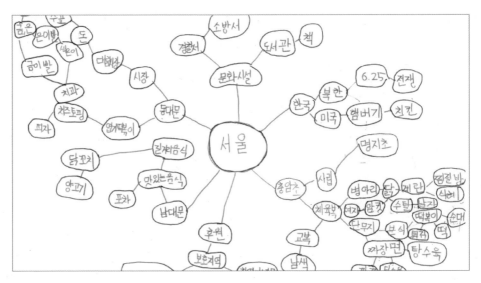

[그림 6-1] '우리 마을'에 대한 학생들의 마인드맵

학생들이 우리 마을에 대하여 '알고 있는 것'이 무엇인지 개방형 질문을 통해 좀 더 자세히 알아본 결과는 다음과 같다.

- 우리 마을에는 여러 종류의 공공시설이 있다.
- 우리 마을의 교통시설은 다양하다.
- 교통문제와 환경오염문제가 심각하다.
- 생활의 편리를 위한 마트나 영화관, 병원 등이 있다.
- 우리 지역은 대한민국의 수도이다.
- 우리 지역의 옛 이름은 한양이다.
- 우리 지역에는 유물이 많다.

또한 우리 지역, 우리 마을에 대해 '궁금한 점이나 알고 싶은 것'을 설문지를 통해 알아본 학생들의 응답은 다음과 같다.

- 우리 지역은 누가, 언제 만들었는가?
- 우리 지역의 이름은 어떻게 생겨났는가?
- 우리 지역의 시장은 누구이고 우리 지역을 어떻게 돌보는가?
- 우리 지역은 무엇을 생산하는가?
- 우리 지역에는 왜 사람들이 많이 몰려드는가?
- 우리 지역의 상징물은 무엇인가?
- 우리 지역의 장점과 단점은 무엇인가?

설문 결과를 종합하여 보면, 4학년 학생들은 우리 지역에 대하여 사전 지식은 깊지 않으나 우리 지역이 언제 만들어지고, 무엇을 생산하며, 어떤 문제점들이 있는지에 대해서도 궁금해한다는 것을 발견할 수 있었다.

3) 잠정적 문제선정과 문제지도 그리기

앞서 파악한 학습자의 특성과 교육과정을 고려하여 '지역사회의 발전' 단원을 위한 가능성 있는 문제로 최근 각 지역별로 이루어지고 있는 '주민이 주도하는 마을 공동체 사업'이라는 아이디어를 생각하게 되었다. 〈사례 6-1〉은 수원시 전역에서 마을 공동체가 중심이 되어 개최되는 축제에 대한 기사이다.

〈사례 6-1〉

수원마을축제

수원마을축제는 관이 주도하는 축제에서 벗어나 주민 스스로 기획하고 진행하는 축제다. 시 관계자는 "수원이 가진 다양한 자원들과 함께 각 마을의 특색을 살린 프로그램과 화합 한마당이 있는 도시형 마을축제"라면서 "수원만의 창조성과 독특함이 가미된 수원형 마을 르네상스를 대표하는 공동체 중심의 축제가 될 것"이라고 말했다.

이번 수원마을축제의 주요 프로그램은 △전국 마을활동가와 함께하는 열린 광장 △마을 공동체가 중심이 된 18개 마을별 축제 △세 가지 주제별(주민·좋은 마을 만들기·수원화성 방문의 해 기념 성곽사람들) 컨퍼런스 △마을 만들기 우수사례지 탐방 등이다.

출처: 경기일보(2016. 10. 12.).

이제 마을 공동체 사업은 촌락뿐만 아니라 도시에서도 지역의 발전을 위해 주민들이 자발적으로 만들어 가고 있는 추세이므로 '마을 공동체 만들기'라는 문제를 중심으로 [그림 6-2]와 같이 문제지도를 그려 보았다.

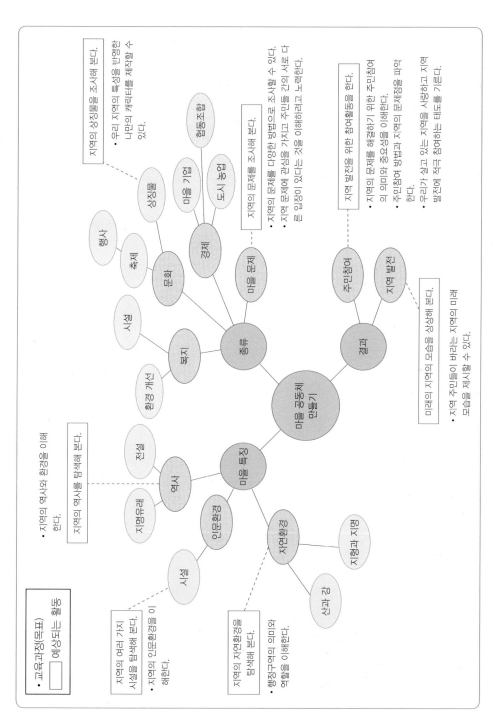

[그림 6-2] '마을 공동체 만들기'에 대한 문제지도

4) 역할과 상황 설정하기

'지역사회의 발전' 단원 내용을 포함하는 문제에서 생각해 볼 수 있는 문제해결자역할로는 마을 사람들과 함께하는 공동체를 만들어 운영하는 지역 주민, 각 지자체에서 운영하는 마을 공동체 공모 사업에 참여하는 지원자, 지역과 관련된 공무원 등이 있다.

이 중에서 4학년 어린이들의 수준에서 쉽게 담당할 수 있는 역할과 상황을 [그림 6-3]과 같이 설정하였다.

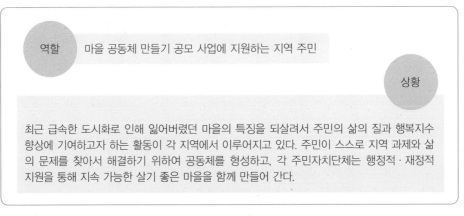

역할   마을 공동체 만들기 공모 사업에 지원하는 지역 주민

상황

최근 급속한 도시화로 인해 잃어버렸던 마을의 특징을 되살려서 주민의 삶의 질과 행복지수 향상에 기여하고자 하는 활동이 각 지역에서 이루어지고 있다. 주민이 스스로 지역 과제와 삶의 문제를 찾아서 해결하기 위하여 공동체를 형성하고, 각 주민자치단체는 행정적·재정적 지원을 통해 지속 가능한 살기 좋은 마을을 함께 만들어 간다.

[그림 6-3] '마을 공동체' 문제에서의 역할과 상황

5) 문제 작성하기

이러한 상황을 배경으로 C 학교가 속한 E 구청에서 실시하고 있는 '마을 공동체 만들기' 공모 사업에 참여하도록 구청장이 학생들에게 편지를 보내서 요청하는 형식으로 〈사례 6-2〉와 같이 문제를 작성하였다. 이 외에 지역인사가 직접 교실을 방문하여 설명하게 할 수도 있을 것이다.

〈사례 6-2〉

'마을 공동체 만들기' 시나리오

안녕하세요? ○○구 구청장 ○○○입니다.

제가 이번에 구청장이 되면서 '○○구의 주민들의 삶의 질과 행복지수를 높이겠다'는 약속을 드렸습니다. 그래서 우리 구를 행복한 구로 만들기 위하여 여러 가지 연구를 많이 하고 있습니다.

그중에서 여러분에게 제안하고 싶은 것은 바로 '마을 공동체 만들기'라는 주민 참여 사업입니다. 우리 마을에는 독거노인들이 많고, 하천이 오염되었고, 최근 아파트촌으로 바뀌면서 이웃 간의 교류가 점점 더 없어지고 있습니다. 이러한 문제들을 해결해 간다면 우리 구가 보다 행복해질 수 있을 것입니다.

마을 공공의 이익을 위한 일이라면 누구나 참여 가능하고, ○○구 내 가까운 이웃이나 지인, 학교, 직장동료, 시민단체 누구든지 공동체를 형성하여 문화, 경제, 복지 등과 관련된 프로그램을 개발하여 제안할 수 있습니다. ○○구청 홈페이지 주민참여방에 들어오시면 마을 공동체 만들기에 대한 자세한 내용이 안내되어 있습니다.

여러분들도 우리 ○○구를 위해 이 공모 행사에 적극적으로 참여해 주길 바랍니다.

20○○년 11월 8일
○○구 구청장 ○○○

2. 교수 · 학습 과정

1) 교수 · 학습 계획

'마을 공동체 만들기' 문제의 교육과정 목표는 '① 지역의 역사와 환경을 이해한다. ② 행정구역의 의미와 역할을 설명할 수 있다. ③ 주민참여 활동과 지역의 문제점을 파악하여 설명할 수 있다.' 등이다. 이러한 교육과정 목표를 달성하기 위한 교수 · 학습 계획은 〈표 6-4〉와 같이 세웠다.

〈표 6-4〉 '마을 공동체 만들기' 단원의 교수 · 학습 계획

문제해결 단계	문제해결 활동	차시
문제제시	■ **동기유발** • 지역 공동체 활성화 홍보동영상 감상하기(행정자치부 제작) 　https://www.youtube.com/watch?v=DlMdAoCExIc • 지역 공동체를 활성화해야 하는 이유를 생각해 보게 한다. ■ **문제제시:** 구청장이 보낸 편지를 읽어 보게 한다('마을 공동체 만들기 공모 사업'에 참여해 달라는 내용의 편지). ■ **문제파악:** 구청 홈페이지에 들어가 편지 내용과 관련된 공모 사업을 확인한 후, 구청장이 학생들에게 부탁한 것이 무엇인지 문제를 다시 정의하게 한다.	1~2
문제해결 계획	■ **문제해결 계획표 만들기** • 현재 알고 있는 내용을 발표하기 • 문제해결을 위해 알아야 할 내용을 토의하고 순서 정하기 • 정보 수집 및 탐색 방법을 토의 · 발표하기	3

탐색 및 재탐색	■ **문제해결을 위한 탐색하기** • 탐색활동 1: 우리 지역의 행정구역에 대하여 알아보기 • 탐색활동 2: 자연환경에 대하여 알아보기 • 탐색활동 3: 인문환경에 대하여 알아보기 • 탐색활동 4: 역사와 상징물에 대하여 알아보기 • 탐색활동 5: 인구 구성에 대하여 알아보기 • 탐색활동 6: 우리 지역의 여러 가지 문제점 알아보기 • 탐색활동 7: 지역 주민이 바라는 미래 모습 탐색하기 • 탐색활동 8: 주민참여 활동과 문화행사 알아보기 ■ **재탐색하기**: 더 필요한 것들이 없는지 확인하고, 더 알아야 할 것들을 추가하여 알아본다.	4~14
해결책 고안	■ **우리 지역의 발전을 위한 다양한 공동체 만들기** • 마을 공동체 만들기를 위한 다양한 아이디어 나누기 • 다양한 마을 공동체 프로그램 고안하기 • 마을 공동체 만들기 제안서 작성하기	15~16
발표 및 평가	■ **해결책 발표 및 평가하기** • 우리 지역 주민들의 삶의 질과 행복지수를 높이기 위해 다양한 공동체 사업계획을 발표하고, 서로 다른 모둠의 발표를 평가한다. • 자기평가, 모둠평가의 시간을 갖는다. • ○○구의 미래 모습에 대한 의견을 모아 구청장에게 이메일이나 우편으로 보낸다. ■ **문제해결 과정 평가**: 문제해결 과정에 대한 자신의 참여도 및 태도에 대하여 평가한다.	17

평가는 내용지식은 수업이 끝난 후 지필평가로 실시하고, 과정지식과 태도는 수업 중 학생의 활동 모습 관찰과 학습지를 활용하며, 창의적 문제해결력은 문제해결 단계에서는 관찰과 학습지로, 발표 단계에서는 최종 산출물을 통해 수행평가를 하도록 계획을 세웠다.

2) 교수 · 학습 실행

(1) 문제제시 단계(1~2차시)

① 동기유발

다음 영상을 보여 주며 동기를 부여한다.

지역 공동체 활성화 홍보동영상(행정자치부 제작)

https://www.youtube.com/watch?v=DlMdAoCExIc

★ 교사: 선생님이 영상을 하나 보여 줄 텐데, 어떤 내용인지 잘 감상해 보세요.

　(영상을 시청)

★ 교사: 어떤 내용인가요?

☆ 학생 1: 마을이 잘 살아야 대한민국이 잘 산대요.

☆ 학생 2: 마을 공동체를 만든 이야기예요.

☆ 학생 3: 지역 경제 활성화를 위해 마을 공동체 사업을 하면 살기 좋은 마을이
　되대요.

★ 교사: 영상에 나온 마을처럼 지역 공동체를 만들어 모두 함께 노력하면 어떤
　점이 좋을까요?

☆ 학생: 행복해져요. 잘 살 수 있어요.

★ 교사: 이번 사회 시간에는 무엇을 배울 것 같나요?

☆ 학생 1: 마을 공동체요.

☆ 학생 2: 지역이 잘 사는 방법이요.

② 문제제시

교사는 학생들이 영상을 통해 앞으로 학습할 주제가 '지역'에 대한 내용임을 인지
하게 한 후, ○○구청장이 학생들에게 보낸 편지가 있음을 말해 주고 그 편지가 어

떤 내용인지 함께 읽어 보자고 제안하였다. 이어서 ○○구청장이 보낸 편지 형태의
문제상황을 이메일을 열어 제시하였다(〈사례 6-2〉 참조).

③ 문제파악

학생들이 문제상황을 편지 자료로도 읽어 보게 한 후, 문제를 잘 이해하고 있는지
확인하기 위해 학생들이 직접 정의하도록 하였다. 그런 다음 ○○구청 홈페이지에
들어가 지역 발전을 위한 마을 공동체 공모 사업 내용에 대하여 함께 알아보도록 안
내하였다. 학생들은 스마트폰이나 스마트 패드로 확인하였다.

문제제시 단계를 2차시에 걸쳐 진행한 이유는 대도시에 사는 학생들이므로 마을
과 이웃에 대한 관심이 적은 편이어서 지역사회에 대한 애향심을 고취한 후에 수업
을 하는 것이 효과적이라고 판단하였기 때문이다. 학생들은 처음에는 매우 낯설어
했으나 영상을 보고 이야기를 나누면서 마을에 대하여 관심을 가지게 되었고, 이어
서 문제를 만났을 때 높은 흥미를 보였다.

(2) 문제해결 계획 단계(3차시)

★ 교사: ○○구청장님께서 우리에게 지역사회의 발전을 위하여 마을 공동체 만
들기 공모 사업에 참여해 달라고 부탁했습니다. 구청장님의 부탁도 있지만 실
제로 마을 주민들이 살기 좋은 마을, 행복한 마을을 만들기 위해 각 지자체에
서 많은 노력을 하고 있답니다. 우리도 마을의 주민입니다. 주민의 한 사람으
로 우리가 마을 공동체 만들기에 참여하려면 어떻게 해야 할까요?
───────(모둠별로 발표함)───────

★ 교사: 모둠끼리 브레인스토밍 하면서 생각한 것이나 느낀 점을 말해 보세요.
☆ 학생 1: 우리가 마을에 대하여 너무 모르고 있어요.
☆ 학생 2: 마을에 대하여 먼저 잘 알아야 우리가 무엇을 할지 결정할 수 있을 것
같아요.

★ 교사: 마을에 대하여 무엇을 알아야 할까요?

☆ 학생 1: 마을 역사도 알아야 하고 문화도 알아야 해요.

☆ 학생 2: 여러 가지 시설이나 도로 등 자연환경도 알아야 해요.

☆ 학생 3: 마을을 돌아다녀 보거나 마을 사람들을 만나 보면 좋겠어요.

★ 교사: 그렇군요. 우리가 ○○구 마을에 대하여 아는 것보다 모르는 것이 훨씬 많은 것 같군요. 그렇다면 우리가 알고 있는 것이 무엇이고, 더 알아보아야 할 것이 무엇인지 하나하나 확인해 봅시다. 그런 다음에 그것을 알아보기 위한 방법과 순서를 정하면서 문제를 해결할 계획을 구체적으로 세워 봅시다.

유의점

만약 마을에 대한 관심이 적어서 알고 있는 것이 적거나 무엇을 알아야 할지에 대해 잘 모를 경우에는 교과서의 관련 단원을 참고하라고 말할 수도 있고, 다음과 같이 지역 인터넷 사이트를 제시해 줄 수도 있다.

• 서울시 마을 공동체 종합 지원 센터(http://www.seoulmaeul.org)
• ○○구청 홈페이지
• 서울시 둘러보기(http://gis.seoul.go.kr/GisWebDataStore/KidsContent/html/0201/KIDS0201_0222.html)
• 서울이야기(http://zukerman.cafe24.com/)

학생들은 마을 공동체를 만들기 위해 지역사회에 대하여 더 알아보아야 할 정보에 대한 여러 가지 의견을 내놓았다. 교사는 탐색활동의 내용과 순서를 정하기 위하여 학생들이 의견을 내놓을 때마다 일일이 칠판에 기록하였다. 그리고 학생들과 함께 토의를 통해 비슷한 것끼리는 하나로 묶으면서 어떤 것을 먼저 탐색할지 순서를 정하고 알아보는 방법에 대해서도 결정하여 토의한 후에 〈표 6-5〉와 같이 전지에 다시 정리하여 기록하였다.

〈표 6-5〉 '○○구 마을 공동체' 문제의 문제해결 계획표

알고 있는 것	알아야 할 것	알아내는 방법
• 우리 지역의 자연 환경에는 백련산과 북한산이 있다. • 불광천이 있다. • 대림시장이 있다. • 대학교가 없다. • 아파트와 주택이 섞여 있다.	• 우리 마을의 행정구역은 어떻게 되는가? • 우리 마을의 자연환경 특성은 어떠한가? • 우리 마을의 인문환경은 어떠한가? • 우리 마을의 역사는 어떠한가? • 우리 마을의 상징물은 무엇인가? • 우리 마을에는 얼마나 많은 사람이 사는가? • 우리 마을에는 어떤 문제점이 있는가? • 우리 마을이 발전하면 미래에 어떤 모습을 갖게 될까? • 마을 발전을 위해 주민들은 어떻게 참여하고 있나?	• 인터넷 검색, ○○구 누리집 • 관련 기관에 문의하기, 전문가 면담 • 안내책자 • 어른들께 여쭈어보기 • 지역신문, 지역방송 • 지역지도, 현장견학, 교과서 등

유의점

　'알아내는 방법'에서 인터넷 검색을 할 때 어떠한 검색어를 사용해야 할지 학생들에게 미리 생각해 보도록 하는 것이 중요하다. 검색방법이 잘못되었을 때는 시간을 낭비하고 충분한 자료를 얻을 수 없기 때문이다.

　중학년의 경우에는 교사가 검색어에 대해 지도해 주는 것이 바람직하다. "이 문제의 탐색을 위해서는 어떤 검색어를 사용하는 것이 좋을까요?"라는 질문을 통해 학생들이 '○○구, ○○동, ○○동 유래, ○○동 상징물, ○○구 마을 공동체, ○○구 도시재생사업, ○○구 지역 발전'과 같은 검색어를 사용할 수 있음을 안내하고, 문제제시 단계에서 사용했던 인터넷 사이트의 주소를 참고로 알려 주는 것도 효과적이다.

(3) 탐색 및 재탐색 단계(4~14차시)

① 탐색활동 1: '행정구역'에 대해 탐색해 보기(4차시)

★ 교사: 우리가 마을 공동체 사업을 제안하기 위해서 가장 먼저 알아보기로 한 것은 무엇인가요?

☆ 학생: ○○구의 행정구역입니다.

★ 교사: ○○구의 행정구역에 대하여 여러분은 무엇을 알고 있나요?

☆ 학생: 여러 개의 동으로 이루어져 있어요.

★ 교사: 더 알아보아야 할 것은 무엇일까요?

☆ 학생 1: 동네 이름의 유래도 알아봐요.

☆ 학생 2: 지도에서 위치를 찾아봐요.

학생들은 ○○구의 행정구역에 대해 알아보기 위해 지도상에서의 위치와 행정동, 이름의 유래 그리고 각 동에는 어떤 학교들이 있는지에 대하여 모둠별로 스마트폰이나 스마트 패드, 노트북을 이용하여 탐색활동을 하였다.

★ 교사: 인터넷 검색을 통하여 ○○구의 행정구역에 대하여 알게 된 내용을 바탕으로 생각하거나 느낀 점을 말해 봅시다.

☆ 학생 1: ○○구의 지형은 대부분 임야 및 분지, 구릉지대로 되어 있어요. 최근에는 아파트가 많이 들어서고 있어요.

☆ 학생 2: ○○구에는 여러 개의 마을이 있다는 것을 알게 되었어요. □□동, △△동 등을 포함해 16개의 행정동이 있어요.

☆ 학생 3: ○○구는 서울특별시 서북부에 위치한 구로서 면적은 29.69km²입니다.

☆ 학생 4: 구청 소재지는 ○○구 □□동입니다.

☆ 학생 5: 각 동네의 이름이 그냥 지어진 것이 아니라 동네마다 전설같은 이야기가 있다는 게 신기했어요.

'탐색활동 1'의 마지막 부분에서는 우리 시에는 총 25개의 구가 있고, 우리 지역인 ○○구가 어디에 위치해 있으며, 최근에 아파트가 많이 들어서는 이유는 무엇일지 생각해 보도록 하였다. 그리고 본 차시의 행정구역에 대해 알아본 것들이 문제해결과 어떤 관련성이 있는지에 대해서 서로 이야기를 나눈 후, 다음 차시에는 자연환경에 대해 알아보기로 했던 것을 상기시켰다.

② 탐색활동 2: '자연환경'에 대하여 알아보기(5차시)

★ 교사: 지난 시간에 여러분은 ○○구의 행정구역에 대하여 알아보았어요. 탐색 계획을 세웠던 것 중 한 가지를 알아본 것이에요(문제해결 계획표에 체크를 하며). 여러분들이 행정구역에 대해 알아본 다음에 '자연환경'에 대하여 알아보고 싶다고 하였는데, 우리 지역에 있는 자연환경 중에서 대표적인 산은 어떤 산인가요?

☆ 학생 1: □□산요.

☆ 학생 2: 학교 앞산인 △△산도 있어요.

★ 교사: 그렇지요. □□산의 물이 우리 지역의 가운데를 흘러내리고 있지요? 그 강줄기의 이름은 무엇인가요?

☆ 학생 3: ▽▽천이에요.

★ 교사: 우리 지역의 대표적인 □□산과 ▽▽천 외에 어떤 산과 강이 있는지 우리 지역의 자연환경에 대하여 모둠원과 함께 조사해 봅시다.

모둠별로 산과 강을 중심으로 자연환경에 대하여 알아보고, 지도에 직접 나타내어 보면서 지난 시간에 알아보았던 행정구역 동과 연결 지어 보았다. 그런 다음에 산과 하천의 특징을 조사하고, 지역 주민들은 자연환경을 어떻게 활용하고 있는지에 대해서도 탐색하였다.

학생들은 활동을 통하여 우리 지역에는 다른 구보다 산을 비롯한 녹지대가 많고 우리 지역을 가로 흐르는 ▽▽천은 주민들의 산책로로 이용되며 여러 가지 운동시설과 휴식시설이 설치되어 있다는 것을 알게 되었다. 그리고 다른 구보다 산과 하천이 잘 어우러진 아름다운 자연환경이 있음을 자랑스럽게 생각하고 환경 보호에 더 관심을 가져야 한다는 의견과 자연 보호를 위해 노력할 점에 대하여 서로 이야기를 나누었다. 그런 후 다음 시간에는 '인문환경'에 대하여 알아보는 활동을 할 것이라는 예고를 하고 미리 조사해 오도록 안내하였다.

③ 탐색활동 3: 인문환경에 대하여 알아보기(6~7차시)

과제로 조사해 온 '인문환경' 사례들에서 포스트잇 한 장에 하나씩 이름이나 사진 자료를 붙이고 그것을 칠판에 붙인 후에 종류별로 다음과 같이 유목화하고, 각 유목에 대하여 명칭을 붙이게 하였다. 왜 그러한 명칭을 붙였는지도 설명하며 생각한 점이나 느낀 점 등을 발표하게 하였다(개념 형성 방법의 활용).

- 편의시설(마트, 병원, 주민센터 등)
- 문화시설(공원, 영화관, 공연장 등)
- 교통시설(도로, 교통수단 등)
- 교육시설(유치원, 초·중·고등학교, 대학교 등)
- 공공시설(구청, 주민센터, 경찰서, 노인정 등)

★ 교사: 여러분은 인문환경 조사를 통하여 우리 지역에는 여러 시설이 있다는 것을 알게 되었지요? 우리 지역에 부족하다고 생각되는 시설에는 어떤 것들이 있나요?
☆ 학생 1: 대학교가 없어요.
☆ 학생 2: 산업시설이 별로 없어요. 일자리를 구하기 힘들 것 같아요.
☆ 학생 3: 대형 병원이 없어요.
☆ 학생 4: 재래시장이 많아요. 대형 마트도 필요해요.

이 활동을 통하여 학생들은 ○○구에는 다른 구에 비교하여 대학교가 없음을 발견하게 되었고, 여러 가지 산업시설이나 편의시설이 충분하지 않다는 것을 알게 되었다. 이어서 다음 시간에는 '역사와 상징물'에 대하여 알아보기로 했다.

④ 탐색활동 4: 역사와 상징물에 대하여 알아보기(8~9차시)

4학년 학생들은 아직 역사에 대하여 배우지 않았기 때문에 역사를 이해하는 데 어려움이 있을 것으로 예상되어, 먼저 지역 역사를 인터넷 검색이나 자료를 통해 알아본 후에 지역 역사박물관으로 견학을 가기로 결정하였다.

학생들은 모둠끼리 스마트폰이나 관련 책자를 통하여 지역의 역사자료를 수집하였다. 수집한 자료는 모둠별로 벽신문 형태로 제작하고 발표를 통하여 함께 공유하였다. 그런 다음에 박물관에 가서 어떤 것을 더 알아보고 싶은지에 대하여 이야기를 나누었다.

박물관에서는 해설사 선생님의 도움을 받아 유물을 직접 보고 문화재와 유적에 대한 설명을 들었다. 학생들은 미리 각자가 공부한 내용이 있으므로 해설사의 설명에 집중하였고, 궁금한 점에 대하여 더욱 활발하게 질문을 하였다.

학교로 돌아와서 지역의 슬로건과 마크를 확인하고 디자인에 담긴 뜻과 의미가

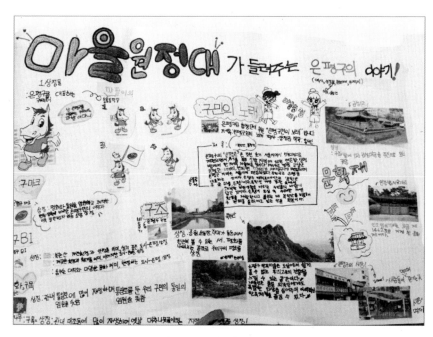

[그림 6-4] 학생들의 지역 역사 탐색 결과물

우리 지역의 자연환경 및 인문환경 중 어떤 것을 상징하는지에 대하여 이야기를 나
누었다. 학생들은 지역의 마크와 슬로건에 담긴 상징의 의미와 뜻을 이해하고 매우
뿌듯해했다.

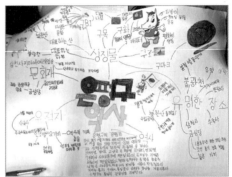

[그림 6-5] 지역의 역사와 상징물 탐색 결과물

이어서 다음 시간에는 지역 사람들의 삶을 이해하기 위하여 우리 구의 인구에 대
하여 알아보기로 했다.

⑤ 탐색활동 5: 지역의 인구 구성에 대하여 알아보기(10차시)

학생들은 모둠 혹은 개인적으로 스마트폰이나 스마트 패드를 이용하여 우리 지
역의 인구 구성, 분포 그리고 출산율 등을 탐색해 본 후에 전체가 함께 정보를 공유
하였다.

★ 교사: 우리 구의 인구에 대하여 알아본 결과를 말해 볼까요?

☆ 학생 1: 저는 인구 구성을 알아보았어요. 우리 구는 출산율이 낮고 인구 고령
화 현상이 다른 구에 비해 심해요.

☆ 학생 2: 독거노인 가구가 16,480가구나 돼요.

☆ 학생 3: 다문화 가구도 1,357가구예요.

☆ 학생 4: 남자보다 여자가 더 많아요.

　학생들은 각자가 탐색한 정보를 바탕으로 알게 된 내용을 자연스럽게 발표하였다. 그리고 전체 발표를 통하여 알게 된 내용을 개별 마인드맵으로 나타내어 보았다.

⑥ 탐색활동 6: 우리 지역의 여러 가지 문제점 알아보기(11~12차시)
　앞의 탐색활동을 통하여 지역에 대한 지식이 깊어지면서 학생들의 지역사회에 대한 관심 또한 높아져 갔다. 지역의 문제점에 관해서는 지금까지 수집한 내용을 바탕으로 문제점을 발견하고 직접 지역 주민들의 생각을 들어 보는 방법으로 알아보기로 하였다.

★ 교사: 구청장님이 우리에게 어떤 부탁을 했지요?
☆ 학생: 우리 지역을 살기 좋은 마을, 행복한 마을로 만들 수 있도록 '마을 공동체 만들기'에 대한 아이디어를 제안해 달라고 했어요.
★ 교사: 네. 그러면 우리가 지금까지 알아본 것으로 문제를 해결할 수 있는지 확인해 보도록 해요(교사는 문제해결 계획표에서 학생들과 함께 알아본 것을 확인해 가면서 이번에는 수집한 정보를 바탕으로 문제점을 찾아보는 활동을 할 것임을 일깨워 주었다).
☆ 학생 1: 우리 지역을 살기 좋은 마을로 만들기 위해 무엇을 할 수 있을지 알아봐야 해요.
☆ 학생 2: 살기 좋은 마을을 만들려면 현재 부족하거나 문제가 되는 것들을 알아봐야 해요.
★ 교사: 왜 그렇게 생각하나요?
☆ 학생: 지금의 문제를 해결하면 더 좋은 마을이 될 수 있기 때문이에요.
★ 교사: 지역의 문제점은 어떻게 알아봐야 할까요?
☆ 학생 1: 지금까지 조사한 우리 지역의 내용을 바탕으로 우리가 찾아내야 해요.

☆ 학생 2: 인터넷 검색으로도 알아볼 수 있어요.

학생들은 그동안 탐색활동을 통해 알아본 우리 지역의 행정구역과 자연환경, 역사와 상징물, 인문환경과 인구 구성 등 지역의 특성을 바탕으로 어떤 문제점이 있는지 모둠별로 토의하였다. 학생들이 발견한 문제점과 인터넷으로 검색하여 알게 된 문제점들을 정리하면 〈표 6-6〉과 같다.

〈표 6-6〉 ○○지역의 현황과 문제점

○○지역의 현황	관련된 문제점
• 대학교, 대형병원, 산업시설이 부족함	• 직업 구하기가 어려움
• 도로가 좁고 지하철은 지나가나 마을에서 먼 곳도 많음 • 주차 공간이 부족하여 도로에 주차하고 있음	• 교통 체증, 교통 불편함 • 주차 공간 부족
• 저출산, 고령화 현상	• 독거노인 가구가 많음
• 노후주택이 많아 재개발이 이루어지고 있음	• 무분별한 개발로 자연환경 파괴 및 녹지가 줄어들고 있음
• 보육시설, 어린이 놀이시설 부족	• 어린이들이 보호를 잘 받지 못하고 있음

⑦ 탐색활동 7: 지역 주민이 바라는 미래 모습 탐색하기(13차시)

지역의 발전을 위한 마을 공동체 만들기 아이디어는 그동안 탐색한 활동을 바탕으로 나올 수도 있지만 주민의 자발적인 참여가 중요하므로 주민이 바라는 지역의 미래 모습에 대하여 직접 알아보기로 하였다. 이를 위하여 학생들은 설문지를 만들어서 주말 동안에 이웃 주민을 만나 설문조사 활동을 하였다. 또한, 그동안 지역에 대하여 탐색한 결과를 가족들에게 알려 드린 후 지역의 발전을 위하여 현재 문제점과 그것을 해결하기 위한 여러 가지 방안에 대한 가족회의도 열었다. 그 결과를 일기로 써 와서 친구들과 공유하였는데 설문결과와 일기에 담긴 의견을 정리하면 다음과 같다.

- 재개발로 녹지 환경이 점점 줄어들고 있다. 자연환경을 잘 보존하면 좋겠다.
- 일자리가 부족하다. 경제적 여유가 있는 지역이 되면 좋겠다.
- 우리 지역의 감자국 거리가 지역 음식거리로 활성화되면 좋겠다.
- 산책로들을 친환경적으로 보다 확장하면 좋겠다.
- 노후 주택을 개발하여 살기 좋은 주택이 많아지면 좋겠다.
- 주차장을 확보하고 도로를 확충하여 교통 문제를 해결하면 좋겠다.
- 지역의 자연환경을 이용하여 다양한 축제를 열면 좋겠다.

⑧ 탐색활동 8: 주민참여 활동과 문화행사 알아보기(14차시)

'마을 공동체 만들기' 문제를 해결하기 위한 마지막 탐색활동이다. 교사는 지난 시간에 탐색했던 '지역 주민이 바라는 미래의 모습'을 다시 한 번 칠판에 제시한 후에 주민 스스로 해결할 수 있는 일들을 찾아보도록 안내하였다.

★ 교사: 우리 지역 주민이 바라는 미래의 모습을 만들어 가기 위해서는 구청이나 동에서 해야 하는 일도 있지만 우리 주민들이 스스로 해야 하는 일도 있답니다. 우리 주민들이 자체적으로 해야 할 일들을 찾아봅시다.

☆ 학생 1: 지역의 자연환경을 이용한 다양한 축제는 주민 스스로 할 수 있어요.

☆ 학생 2: 자전거 도로를 더 만들어요.

★ 교사: 자전거 도로를 만드는 일을 누가 나서서 해야 할까요? 지역 주민이 나서서 할 수 있는 일인가요? 많은 비용이 필요한데 누가 해야 할까요?

☆ 학생 1: 그것은 구청이나 정부에서 해야 해요.

☆ 학생 2: 자연환경 보호나 생태 보호는 우리가 할 수 있어요.

☆ 학생 3: 지역 경제를 위해 홍보활동도 주민들이 스스로 할 수 있어요.

학생들과 함께 지역 주민들이 자체적으로 해결할 수 있는 일인가 아닌가에 대해 이야기를 나눈 후에 지역의 발전을 위해 지역 주민들은 어떻게 참여하고 있는지 지역의 주민참여활동과 봉사활동에 대하여 알아보았다.

★ 교사: 우리 지역 주민들은 마을의 발전을 위해 어떤 일들을 하고 있나요?

☆ 학생 1: △△동의 '물빛 마을' 단체에서는 마을의 담장에 벽화를 그리는 봉사활동을 하고 있어요.

☆ 학생 2: '초록봉사대'는 중증장애인들을 도와주고 있어요.

☆ 학생 3: □□동에는 '새싹마을 합창단'이 있어요. 10대부터 60대까지 여러 세대가 함께하는 합창단이래요.

지역에는 크고 작은 봉사단체와 다양한 문화행사가 있고, 이를 통해 '행복한 마을' '살기 좋은 마을'을 만들기 위해 서로 노력하고 있음을 발견할 수 있었다.

(4) 해결책 고안 단계(15~16차시)

교사는 학생들이 해결책을 잘 고안할 수 있도록 도움을 주고자 문제상황과 역할을 다시 한 번 인식시킬 필요가 있다고 판단하였다. 그래서 문제 시나리오인 '○○ 구청장의 편지'를 다시 읽어 보도록 안내하였다.

★ 교사: 구청장님께서 무엇을 부탁하셨죠? 이제 지금까지 우리가 공부했던 내용들을 활용할 시간이 되었어요. 모둠원과 함께 힘을 모아서 우리 지역의 발전을 위해서는 어떤 마을 공동체가 필요한지 토의한 후에 제안서를 작성해 봅시다.

☆ 학생 1: 제안서는 어떤 방법으로 만들어야 하나요?

☆ 학생 2: 편지를 받았으니 답장을 써도 되나요?

☆ 학생 3: 그림을 그려도 돼요?

★ 교사: 네. 어떤 방법이든 다 가능합니다.

학생들은 구청장에게 제안할 마을 공동체 만들기에 대한 아이디어 회의를 거친 후에 다음과 같이 다양한 방법의 해결책을 고안하였다.

- 주민파티를 주관해 주는 마을 공동체
- △△산 자연환경을 즐길 수 있도록 계절별 축제를 열어 주는 마을 공동체
- ○○구의 홍보와 지역의 문제점과 주민 참여를 독려하는 신문 만들기 마을 공동체
- 저출산 해결을 위한 마을 공동체
- 독거노인을 위한 스마트 기기 사용을 도와드리는 공동체
- 지역의 경제를 위한 ▽▽천 장터 개최 공동체
- 지역 문화재를 홍보하는 공동체 등

(6) 발표 및 평가 단계(17차시)

각 공동체가 하는 일을 편지나 그림과 글 형태로 제작하여 발표하였다(〈표 6-7〉참조).

〈표 6-7〉 '마을 공동체 만들기' 문제에서 학생들이 제시한 해결책의 사례

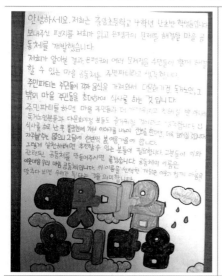

- 제안서: 편지 형식
- 공동체 이름: 이웃 마음 우리 마음 공동체
- 내용: 주민파티
  - 봄, 여름, 가을 계절마다 한 번씩 연중 세 번
  - 방법: 주민 각자가 음식을 준비해 와서 다문화 가정, 독거노인, 그 밖의 마을 주민들을 초대하여 함께 식사하고 불광천 산책하기
  - 기대되는 점: 마을 주민들끼리 가까워질 것임
  - 구성원의 역할: 파티 주관 및 진행

	• 제안서: 가이드북 형식 • 공동체 이름: 북한산 축제 가이드 • 내용 　－여름 I: 삼림욕축제(푸른 나무가 가득한 북한 　　산에서 즐겁고 건강한 삼림욕 하기) 　－여름 II: 천렵축제(시원한 북한산 계곡에서 물 　　놀이) 　－가을 I: 목공축제(나무로 여러 가지 만들어 보 　　기) 　－가을 II: 단풍축제(단풍구경) 　－겨울: 눈썰매 축제
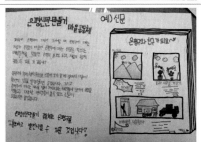	• 제안서: 신문 형식 • 공동체 이름: ○○구와 친구가 되어요 • 내용 　－마을에 대한 정보 알려 주기 　－마을의 당면 문제 알려 주기 　－주민참여를 독려하는 광고하기

　학생들은 완성된 해결책을 모둠별 발표를 통해 공유하였다. 그리고 궁금한 점, 잘된 점, 느낀 점에 대하여 자유롭게 의견을 교환하였다. 또한 '자기평가' 및 '상호평가'를 통해 문제해결의 전 과정을 경험하면서 어려웠던 점이나 힘들었던 점 그리고 새롭게 깨달았던 점 등을 반성하는 시간도 가졌다. 그런 다음 작품을 모아 구청장님께 전달하기로 하였다.

3) 학습평가

　수업 후에 지필평가를 실시한 결과, 지역의 상징물에 대한 이해와 지역에는 여러 가지 문제가 발생하고, 그 문제를 해결하기 위하여 다양한 주민참여 활동이 필요하다는 것을 대부분의 학생이 잘 이해하고 있었다. 수업 전에는 마을에 대한 관심이 적고 알고 있는 내용도 부족하였지만, 마을 공동체 만들기 문제를 해결해 가면서 학생들이 마을에 대하여 관심을 갖기 시작하고 주민의 한 사람으로서 애향심도 높아지는 것을 발견할 수 있었다. 또한 마을의 발전을 위하여 문제점을 적극적으로 찾아내고 다양한 해결방안을 모색하는 등 '문제해결에 대한 책임감'도 보여 주었다.

수업 과정 중에 교사가 관찰하고 체크리스트를 활용하여 수행평가를 실시한 결과, 수업 중에 이루어진 여덟 가지 탐색활동을 통해 학생들의 '자기주도적 학습능력'과 '협동 능력' 또한 증진되어 가는 모습을 볼 수 있었다.

'지식 습득'에 대한 평가를 위해서는 해당되는 교육과정 목표를 기초로 하여 지필평가와 수행평가를 실시하였다. 문제중심학습으로 개발하면서 '내용지식' '과정지식(기능)' '태도'의 세 가지 하위 영역으로 구분하여 목표를 재구성하였고, 이에 따른 평가내용을 제시하면 〈표 6-8〉과 같다.

〈표 6-8〉 '마을 공동체 만들기' 문제에서 지식 습득의 평가

평가요소	평가내용	평가방법
내용지식	• 지역의 역사에 대하여 설명할 수 있는가? • 지역의 자연환경과 인문환경에 대하여 설명할 수 있는가? • 우리 구가 여러 개의 마을로 나누어져 있는 이유와 우리 구에는 어떤 마을들이 있는지 열거할 수 있는가? • 지역에는 어떤 문제점들이 있으며 주민들은 지역의 문제점을 해결하기 위하여 어떤 노력을 하고 있는지 열거할 수 있는가?	• 지필평가 -학습지
과정지식 (기능)	• 지역의 캐릭터에 담긴 특성을 찾아낼 수 있는가? • 지역 문제를 알아보기 위하여 설문조사를 구체적으로 실시할 수 있는가?	• 수행평가 -관찰 -체크리스트 -학습지

| 태도 | • 지역 문제에 관심을 보이는가?
• 지역 문제에 대하여 주민들 간에 서로 다른 입장이 있다는 것을 이해하려고 노력하는가?
• 우리가 살고 있는 지역을 사랑하고 지역 발전에 적극적으로 참여하려는 태도를 보이는가? | • 수행평가
　-관찰
　-체크리스트 |

또한 '창의적 문제해결력'에 대한 평가는 문제중심학습의 각 단계를 진행하는 과정에서 〈표 6-9〉와 같이 과정 중심으로 실시하였다.

〈표 6-9〉 '마을 공동체 만들기' 문제에서 창의적 문제해결력 평가

평가요소	평가내용	평가방법
문제 발견 및 인식 능력	• 마을의 발전을 위해 마을 공동체 만들기의 중요성을 인식하고 있는가? • 주민의 한 사람으로서 마을 발전을 위하여 해결할 문제를 발견하였는가?	• 지필평가 　-학습지 활용 • 수행평가 　-관찰(체크리스트)
문제해결 계획 능력	• 마을 공동체를 만들기 위해 알아야 할 적절한 내용 그리고 방법을 제시하였는가? • 알아야 할 자료들을 다양한 방법으로 조사, 탐구하며 선별하여 정리하였는가?	• 지필평가 　-학습지 활용 • 수행평가 　-관찰(체크리스트)
문제해결책 고안 및 발표능력	• 마을의 발전을 위하여 독창적이고 적절한 마을 공동체 만들기 사업을 제안하고 설명하였는가?	• 수행평가 　-관찰(체크리스트) 　-포트폴리오

제7장

과학과 수업사례

    과학은 학생들에게 흥미 있는 교과이지만 학교교육에서 일상생활과 연결시켜 주지 못한다면 학교에서 배워야 하는 하나의 교과로 끝나 버리며, 어렸을 때부터 가져왔던 자연에 관한 관심과 호기심마저 상실해 가게 할 수 있다.

    이 장에서는 에너지와 우주에 대한 두 수업사례를 소개하는데, '에너지'는 인간의 몸을 비롯하여 모든 물체를 움직이게 하는 힘의 근원이면서 학생들의 생활기구와 밀접한 내용이므로 실과와 통합하여 학생들이 자기주도적으로 탐색활동을 하도록 시도하였다. 한편, '우주'는 워낙 그 범위가 넓고, 추상적인 주제이므로 여러 가지 매체를 활용하여 간접적으로 체험하도록 하였으며, 여러 행성의 크기와 거리를 비교하는 과정에서 수학 교과와의 통합이 이루어지도록 하였다.

에너지 박람회 –에너지와 생활(5학년)

1. 문제개발 과정

1) 교육과정 고려하기

'에너지'는 우리의 일상생활에서 항상 활용되고 있어서 과학뿐만 아니라 실과와도 통합하여 문제중심학습으로 구성하면 학생들에게 좀 더 능동적인 학습이 될 것이다. 이 단원은 문제중심학습의 각 단계에서 어떤 사고력이 발현되는가를 연구하기 위해 실시되었던 수업[*]으로 2015 개정 교육과정에서는 5~6학년군에서 다루어진다. 또한 이 주제는 중학교 1~3학년군의 '식물과 에너지' '동물과 에너지' '운동과 에너지' '에너지 전환과 보존'과 연계된다.

초등학교 5, 6학년군 '에너지' 영역의 '에너지와 생활'이라는 단원에서는 "에너지의 다양한 현상을 통합적으로 설명하여 과학적 표현과 의사소통 능력을 기르도록 하는 것을 목표로 한다." 또한 "에너지와 물질은 서로 다른 것임을 알고, 에너지는 자연과 일상생활의 현상을 설명하는 유용한 과학적 개념임을 인식"하도록 하고 있다.

2015 개정 교육과정에서 에너지에 관한 핵심개념, 일반화된 지식, 내용요소를 제시한 것을 보면 〈표 7-1〉과 같다.

---

[*] 이 수업은 백은주(2008)의 '문제중심학습 과정에서 나타난 아동의 창의적 · 비판적 사고 유형과 교사의 역할 분석' 연구에서 실시되었던 수업을 수정 · 보완한 것임.

〈표 7-1〉 2015 개정 교육과정에서 '에너지' 주제의 내용체계표

영역	핵심 개념	일반화된 지식	내용요소	관련 기능
열과 에너지	에너지 전환	에너지는 다양한 형태로 존재하며 다른 형태로 전환될 수 있다.	• 일 • 에너지 전환	• 문제인식 • 탐구 설계와 수행 • 자료의 수집·분석 및 해석 • 수학적 사고와 컴퓨터 활용 • 모형의 개발과 사용 • 증거에 기초한 토론과 논증 • 결론 도출 및 평가 • 의사소통

문제중심학습으로 재구성하기 위해 "다양한 에너지의 형태와 특징, 에너지의 전환을 이해하여 에너지와 생활 관련 문제를 창의적으로 해결할 수 있다."라는 단원 목표를 설정하였다. 그리고 내용지식, 과정지식, 태도의 하위 목표로 구분하여 〈표 7-2〉와 같이 구체적인 목표를 설정하였다.

〈표 7-2〉 재구성한 '에너지' 단원의 영역별 목표

내용지식	• 에너지의 개념을 이해한다. • 에너지의 종류와 특징에 대해 이해한다. • 에너지는 한 형태에서 다른 형태로 전환될 수 있음을 이해한다.
과정지식 (기능)	• 에너지의 사용현황을 조사할 수 있다. • 에너지를 절약하는 방법을 조사할 수 있다.
태도	• 실생활에서 활용되는 에너지에 관심을 가진다. • 에너지를 절약하는 태도를 기른다.

2) 학습자 특성 파악하기

학생들의 에너지에 대한 관심과 호기심 파악을 위해 에너지에 대해 떠오르는 생각을 마인드맵으로 그려 보게 한 결과, 학생들은 자신의 생활 주변에서 에너지와 관련한 여러 물건을 떠올렸고 여러 종류의 에너지에 관심을 갖고 있었다([그림 7-1] 참조).

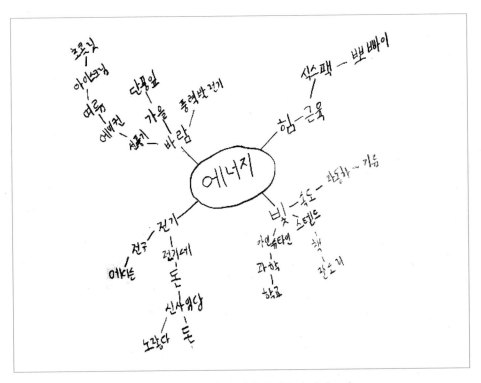

[그림 7-1] '에너지'에 대한 학생들의 마인드맵

'에너지'에 관해 학생들이 '알고 있는 것'이 무엇인지 개방형 설문을 통해 좀 더 자세히 알아본 결과는 다음과 같다.

■ '에너지'에 대해 알고 있는 것
- 자연 에너지는 곧 고갈될 것이다.
- 에너지를 절약하는 방법은 여러 가지가 있다.
- 에너지는 물체를 움직이게 하는 힘이다.
- 에너지는 우리 생활에 도움을 준다.
- 태양열 에너지는 햇빛이 없으면 안 된다.
- 박람회, 전시회에 가면 에너지 발명품이 있다.

에너지에 대해 학생들이 '더 알고 싶어 하는 것'은 다음과 같았다.

■ '에너지'에 대해 더 알고 싶어 하는 것
- 에너지를 효과적으로 절약하는 방법이 궁금하다.
- '대체에너지'에 대해 알고 싶다.
- 에너지의 종류에 대해 더 공부해 보고 싶다.
- 에너지를 활용한 발명품을 만들어 보고 싶다.

3) 잠정적 문제선정과 문제지도 그리기

학생들은 에너지가 생활에서 꼭 필요하고, 많이 활용되고 있음을 인지하고 있었지만, 개념 자체가 추상적이어서 '에너지란 무엇인가'에 대해서는 명확한 개념을 가지고 있지 않았다. 그러나 많은 학생이 에너지와 관련된 박람회나 발명품 전시회에 참여했던 경험이 있었고, 발명품을 만들어 보고 싶어 한다는 설문 답변에서 아이디어를 착안하여 '에너지 박람회'라는 잠정적 문제를 선정하였다. 그리고 잠정적 문제와 관련된 개념들을 중심으로 [그림 7-2]와 같이 문제지도를 작성하여 학습활동과 교육과정의 연계성을 살펴보았다.

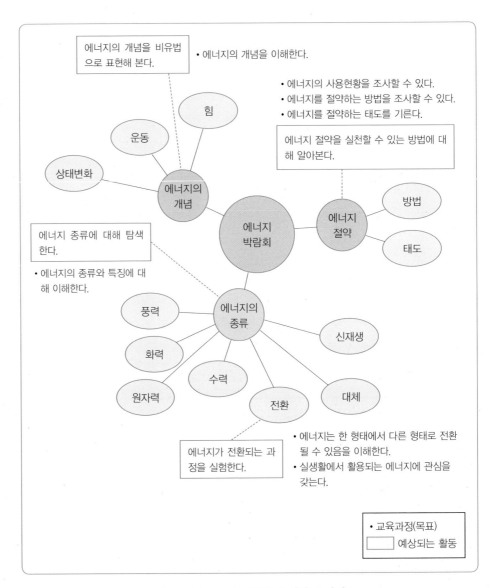

[그림 7-2] '에너지 박람회'에 대한 문제지도

4) 역할과 상황 설정하기

4~5학년 학생들이 '에너지 박람회'에서 할 수 있는 문제해결자 역할로는 박람회에 참가하는 전문가, 발명가, 과학자, 기획자 등이 있다. 그중에서 에너지 탐구활동을 통한 과학적 표현 및 의사소통에 중점을 두고 박람회에 오는 관람인들에게 자신들의 부스를 소개하는 '기획자'로 역할을 선택하여 [그림 7–3]과 같이 역할과 상황을 설정하였다.

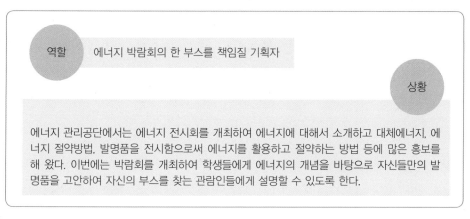

[그림 7–3] '에너지 박람회' 문제에서의 역할과 상황

5) 문제 작성하기

앞에서 고려한 사항들을 바탕으로 '에너지'에 대한 학습을 위해 '에너지 박람회'라는 제목으로 문제를 〈사례 7–1〉과 같이 작성하였다. '에너지 박람회'를 개최하는 에너지 관리공단에서 이메일을 보낸 것으로 시나리오를 작성하였다.

〈사례 7-1〉

'에너지 박람회' 시나리오

안녕하세요?

저는 에너지 관리공단에서 근무하고 있는 ○○○입니다.

에너지 관리공단에서는 매년 에너지 전시회를 개최하여 현재 사용하고 있는 에너지를 소개하고 에너지 절약에 대한 신기술과 신제품에 대해 발표하며, 신재생 에너지, 에너지 절약에 대한 아이디어 등에 대해 소개하고 있습니다.

올해부터 매년 초·중등학교 학생들에게도 '에너지 박람회' 개최를 할 수 있도록 후원하려고 합니다. 여러분이 에너지 박람회 기획자가 되어 에너지에 관한 내용을 담은 재미있는 아이디어와 발명품으로 박람회의 각 코너(부스)를 꾸며 주시면 됩니다.

그럼 여러분의 멋진 작품과 생각을 기대하겠습니다.

2. 교수·학습 과정

1) 교수·학습 계획

'에너지 박람회' 문제의 교육과정 목표를 종합·정리하면 "① 에너지의 정의, 종류, 특징, 전환에 대해서 설명할 수 있다. ② 에너지의 사용현황과 절약방법에 대해 조사할 수 있다. ③ 에너지에 대해 관심을 갖고 에너지 절약 태도를 갖는다." 등이다. 이러한 교육과정 목표를 달성하기 위한 교수·학습 과정 계획은 〈표 7-3〉과 같이 세웠다.

⟨표 7-3⟩ '에너지 박람회' 문제의 교수 · 학습 계획

문제해결 단계	문제해결 활동	차시
문제제시	■ **동기유발** • 에너지에 관한 경험 나누기 • 에너지 관련 자료 제시 ■ **문제제시** • 에너지 박람회의 기획자로서의 역할을 수행해야 하는 문제 제시 ■ **문제파악** • 제시된 문제가 어떤 상황이며, 무엇이 해결되어야 하는지를 학생들 스스로 정의하게 함	1
문제해결 계획	■ **문제해결 계획표 만들기** | 알고 있는 것	알아야 할 것	알아내는 방법 | |---|---|---| | | | | ■ **탐색 내용 정하기** • 문제해결 계획표를 통해서 탐색 내용을 전체적으로 정리하기 ■ **탐색 순서 정하기** • 학생들과 토의하여 탐색의 우선순위를 정하고 계획을 세우기	2
탐색 및 재탐색	■ **문제해결을 위한 탐색하기** • 탐색활동 1: 에너지의 정의, 종류, 특성에 관해 탐색하기(과학도서 활용) • 탐색활동 2: 에너지의 전환을 탐색하기(실험실습 활용) • 탐색활동 3: 에너지의 절약방법 탐색하기(인터넷 사이트 활용) • 탐색활동 4: 대체에너지에 대해 탐색하기(전문가 초청) ■ **무엇을 더 알아야 할지를 모둠별로 정한 후 재탐색하기**	3~10
해결책 고안	■ **탐색과정을 통해 모은 자료를 토대로 '에너지 박람회' 계획하기** • 문제를 재확인하고 모둠을 결정하기 • 에너지 박람회 발명품 내용 결정 및 제작하기	11~14
발표 및 평가	■ **박람회 개최하기** • 각 모둠별로 하나의 코너(부스)를 제작하여 에너지 박람회를 개최하기 ■ **평가하기** • 박람회가 끝난 후에 다른 모둠의 해결책을 보고 궁금한 점, 잘된 점, 느낀 점들에 대한 의견을 나누고 상호평가와 자기평가 하기 ■ **수업후기 쓰기**	15~17

평가는 내용지식에 대해서는 수업이 끝난 후 지필평가로 실시하고, 과정지식과 태도에 대해서는 수업 중에 관찰 및 체크리스트를 통해 실시하기로 하였다. 또한 창의적 문제해결력은 학생들의 문제해결 단계에서 학습지를 활용한 지필평가와 관찰, 포트폴리오를 활용한 수행평가를 실시하기로 계획을 세웠다.

2) 교수 · 학습 실행

(1) 문제제시 단계(1차시)

① 동기유발

'에너지' '에너지 박람회'와 관련된 과학서적, 사진, 인터넷 사이트 등의 관련 자료를 다양하게 제시하였다.

〈표 7–4〉 '에너지' 관련 자료 제목

'에너지' 관련 동기유발 자료 제목
• 한국 에너지 소비량 세계 9위
• 미국의 자유 여신상: 바람에너지 여신상
• 물로 충전하는 휴대전화 배터리
• 태양열로 에너지를 자급자족하는 마을
• 수소연료 100%로 작동하는 무인 항공기: 수소 비행기
• 플러그만 뽑아도 연 5,000억 원 절약
• 재생 에너지로 정책 전환, 풍력 산업 활성화 예상
• 10년 내 자체 에너지 생산하는 건물의 일반화
• 전기차는 에너지시스템이다.

★ 교사: (컴퓨터 화면으로 자료들을 제시하면서 사이버 에너지 박물관을 관람하게 하였다.) 에너지에 관한 여러 자료를 보고 무엇을 느낄 수 있었나요?

☆ 학생 1: 에너지가 없으면 사람들은 좋은 환경을 유지할 수 없는데, 에너지가

있어서 우리 생활을 편리하게 해 줘요.

☆ 학생 2: 작은 절약 하나로 엄청난 양의 에너지를 절약할 수 있어요.

☆ 학생 3: 미래에는 다양한 방법으로 에너지를 얻을 수 있어요.

☆ 학생 4: 에너지는 종류가 다양해요.

☆ 학생 5: 에너지를 얻는 것이 제한될 수 있어요.

☆ 학생 6: 에너지를 더 많이 활용할 수 있어요.

☆ 학생 7: 태양열 에너지는 햇빛이 없으면 안 돼요.

☆ 학생 8: 에너지가 자꾸 없어져요.

☆ 학생 9: 에너지 절약이 필요해요.

☆ 학생 10: 바람을 이용해서는 풍력에너지를 만들 수 있어요.

처음에는 학생들이 자신의 생각을 표현하는 데 망설이거나 당황해하였다. 그러나 교사가 학생들의 동기를 유발하기 위해 관련 자료를 많이 제시하였고, "이유를 한번 생각해 볼까요?" "또?" "다르게 생각하는 어린이?" 등과 같이 폭넓은 사고를 유발하는 발문과 학생의 대답에 "그럴 수도 있군요" "좋아요" "네" 등과 같이 긍정적인 수용으로 이끌어 가면서 학생들은 점점 자신감을 가지고 자신의 생각을 발표하였고, 에너지에 관심을 보였다.

② 문제제시

에너지 관리공단에서 주최하는 에너지 박람회의 기획자로서의 역할을 수행해야 하는 문제를 이메일 형식으로 학생들에게 제시하였다(앞의 문제 시나리오 참조).

③ 문제파악

문제의 상황이나 자신의 역할에 대해 학생들이 각자 학습지에 정리하도록 하는 시간을 가졌다. 그 후 다 함께 문제를 해결하기 위한 자신의 역할이 무엇인지를 명확히 하기 위해 교사가 다양한 질문과 전체 토론을 진행하였다.

★ 교사: 누구에게서 편지가 왔나요?

☆ 학생: 에너지 관리공단 직원이요.

★ 교사: 네. 편지의 내용은 무엇이었나요? 우리가 해결해야 할 문제가 무엇인가요?

☆ 학생: 에너지 박람회를 하는데 에너지에 관한 내용을 담은 재미있는 아이디어와 발명품으로 박람회의 각 코너(부스)를 만드는 거예요.

★ 교사: 여러분의 역할은 무엇인가요?

☆ 학생: 에너지 박람회에 부스 하나를 책임질 기획자가 되는 거예요.

(2) 문제해결 계획 단계(2차시)

아무것도 기록하지 않은 전지를 준비하여 칠판에 붙여 놓고 전 단계에서 파악한 문제를 해결하기 위해 '알고 있는 것' '더 알아야 할 것' '알아내는 방법'에 대한 학생들의 생각과 의견을 기록하도록 하였다.

① 알고 있는 것

문제를 상기시키기 위해 학습지를 제시하여 학생들이 '에너지'의 개념에 대해 다시 생각해 볼 시간을 주었다. 또한 전체 학습을 함으로써 문제해결을 위해 학생들이 이미 알고 있던 지식이나 경험 등에 대해서도 이야기를 나누었다.

★ 교사: 에너지에 대해 알고 있는 것은 무엇인가요?

☆ 학생 1: 에너지는 힘이에요.

☆ 학생 2: 에너지가 없으면 우리가 살 수 없어요.

☆ 학생 3: 자연에서 얻어지는 상황에 따라 에너지의 양이 달라져요.

② 알아야 할 것

문제를 해결하기 위해 알아야 할 것이 무엇인지에 대해 확인하는 단계로, 모둠활동으로 수업이 진행되었다. 모둠활동에서는 협의를 통해서 모둠원들 6명 중 4명 이상 찬성을 했을 때 그 의견을 수렴하였다. 모둠별로 협의하는 과정에서 학생들은 발명품에 초점을 맞추거나 문제에서 필요로 하는 것을 고려하지 않고 자신이 알고 싶었던 것만 제시하기도 해서, 교사가 이를 조정해 주었다. 모둠활동 후 문제를 해결하기 위해서 필요한 것에 대해 전체 학급이 토의하는 시간을 가졌다.

★ 교사: 문제해결을 위해 무엇을 더 알아야 할까요?

☆ 학생 1: 발명품?

☆ 학생 2: 재료. 발명품에 필요한 재료요.

☆ 학생 3: 원리를 알아야 돼요.

☆ 학생 4: (발명품에 필요한) 에너지의 원리를 알아야 만들지.

☆ 학생 5: 에너지 발명품에 대한 계획과 설계도요.

★ 교사: 각 모둠에서는 무슨 내용이 나왔나요? 선생님 생각에는 여러분이 해야 할 일은 에너지에 대해서 잘 알고 다른 친구들에게 소개를 해야 되는 거라고 생각하는데요.

☆ 학생들: 아…… 맞아.

★ 교사: 발명품을 만들어서 그걸 전시만 하는 게 아니라 한 코너를 꾸며서 그 에너지에 대해서 소개도 해야 됩니다.

☆ 학생들: 네. 맞아요.

★ 교사: 지금은 발명품에 대해서만 여러분들이 많이 생각했으니까, 이젠 에너지 전시회를 위해 알아야 할 것들에 대해 생각을 좀 더 해 보는 게 어떨까요?

☆ 학생들: 네.

모둠학습에서 토의를 하는 과정에서 이전 단계인 '문제 만나기'에서 문제에 대한 확인이 잘 이루어졌음에도 불구하고, 에너지 박람회에서 자신이 어떤 역할을 해야 하는지와 무슨 일을 해야 하는지 등을 생각하지 못하는 경우도 있었다. 학생들은 핵심을 파악하지 못하거나 문제해결에서 벗어나 자신들이 에너지에 대해 알고 싶어 하는 것들에 대해서만 의견을 제시하거나 한 범주 내에서 가지를 계속 치면서 방향성을 잃기도 하였다. 이때 교사는 학생들을 문제의 맥락으로 이끌어 가는 '인지적 모니터링'을 지속하였다.

③ 알아내는 방법

'알아야 할 것'을 과연 어떻게 알아 갈 것인가에 대해 전체 학생들이 의견을 나누는 활동을 하였다. 학생들은 책, 인터넷, 신문 등의 다양한 방법을 제시하였다.

탐색 내용과 방법을 결정하고 정리한 다음에는 학생들과 함께 탐색의 순서를 정하여 〈표 7-5〉와 같이 문제해결 계획표를 작성하여 칠판에 붙여 놓았다.

〈표 7-5〉 '에너지 박람회' 단원의 문제해결 계획표

알고 있는 것	알아야 할 것	알아내는 방법
• 에너지의 종류 • 에너지가 필요한 물건 • 에너지는 힘이다. • 에너지가 우리 생활에 꼭 필요하다. • 자연에서 얻은 에너지는 그 양이 달라진다. • 에너지는 미래의 자원이다.	• 에너지의 정의 • 에너지의 역사 • 에너지의 종류 및 특징 • 에너지의 전환 • 에너지의 이용 • 에너지의 절약방법 • 에너지를 이용한 발명품	• 인터넷 • 전문가 • 책 • 신문 • 박물관 견학 • 실험

(3) 탐색 및 재탐색 단계(3~10차시)

이 수업에서는 '알아야 할 내용' 중심으로 계획하였으나 학생들의 제안으로 인해 '알아내는 방법'별로 탐색해 나가기로 하였다. 학생들은 손쉽게 정보를 찾을 수 있는 '과학도서'로 탐색하기를 가장 먼저 하기를 원하였고, 그다음으로 '전문가 특강'을 통해 궁금한 점을 탐색하자고 하였다. 또한 실험을 해서 에너지의 전환을 알아보자고 하였다. 마지막으로 에너지에 대해 개념 형성이 잘 되었는지를 확인하기 위해서 '비유활동'을 통한 에너지의 개념정리를 해 보았다.

① 탐색활동 1: '과학도서'로 탐색하기(3~4차시)

과학도서로 탐색하는 활동에서는 학교 도서관이나 학생들이 소장하고 있는 에너지 관련 책들을 하나씩 선정하여 적합한 정보가 있는 부분을 포스트잇에 정리하도록 하였다. 에너지의 정의, 에너지의 역사, 에너지의 종류와 특징, 에너지의 전환, 에너지의 이용, 에너지의 절약방법, 에너지를 이용한 발명품에 대해 학생들 각자가 자료를 정리하여 뒷 게시판에 붙여서 정보를 서로 공유할 수 있게 하였다. 또한 학생들은 책의 내용을 분석하여 그 결과를 바탕으로 책을 평가하는 시간도 가졌다.

교사는 효과적으로 책에서 필요한 정보를 찾고 정리하는 방법을 학생들과 함께 논의하고 다음의 세 가지로 정리하였다. ① 목차, 찾아보기를 이용하여 알고 싶은 것을 찾는다. ② 중요한 정보가 담겨 있는 부분을 표시한다. ③ 책의 내용을 그대로 쓰지 말고 이해한 후에 자기 말로 적는다.

★ 교사: 자, 어떤 책을 찾아봤고, 어떤 책을 골랐으며, 또 그 이유가 무엇인지 얘기 한번 해 볼까요?

☆ 학생 1: 제가 찾은 책은『WHY』『신기한 스쿨버스』『초등과학』『과학 올림피아드』『최열 아저씨의 지구촌 환경이야기』가 있어요. 그중에서『최열 아저씨의 지구촌 환경이야기』는 작가 최열 아저씨라는 사람이 환경에 대해서 쓴 책이에요. 최근 지구가 점점 온난화가 심해지니까 '에너지 절약', 그런 거에 대해서 쓴 책인데요. 이 사람이 직접 에너지에 대해서 자신이 연구를 하면서 관찰한 사진도 있었고, 여러 가지 이야기가 쉽고 자세히 나와 있어서 좋았어요.

☆ 학생 2:『에너지의 비밀』에는 전기 에너지, 수력 발전, 화력 발전, 원자력 발전, 조력 발전 및 파력 발전, 풍력, 태양 에너지 등 에너지의 종류에 대해서 더 자세하게 나와 있고, 에너지에 관련된 여러 실험에 대해서도 나와 있어요. 또 여러 물체가 이동하는 힘에 대해서도 아주 잘 나와 있어서요.

☆ 학생 3:『퀴즈 과학 상식』, 그다음에『미국 초등학생이 배우는 과학』『서프라이즈 에너지』『빛 에너지』가 있고,『WHY 핵과 에너지』가 있는데요. 그중에서

『서프라이즈 에너지』를 골랐는데, 그 이유는 에너지의 종류가 다양하게 나와 있고, 만화도 있어 흥미롭고, 설명이 쉽게 되어 있고, 여러 가지 그림이 수록되어 있기 때문이에요.

교사가 학생들로 하여금 자신의 선택에 대해 생각할 시간을 제공함으로써 학생들은 스스로 자료 평가를 해 볼 수 있는 기회를 가졌다. 학생들이 더 알아야 할 것으로 정하였던 각 주제별 학습내용을 개별적으로 포스트잇에 정리하고, 이 내용을 모둠별로 논의하여 학습한 후, 교사와 함께 전체 학습을 통해 에너지의 정의, 에너지의 근원이 되는 에너지원, 에너지의 전환, 에너지의 활용과 절약방법에 대한 내용을 정리하였다.

★ 교사: 여러분은 지금 에너지 박람회를 준비하기 위해서 하나하나 차곡차곡 알아 가고 있어요. 우리가 첫 번째는 무엇에 대해서 이야기를 나누었지요?
☆ 학생: 첫 번째는 에너지의 정의, 에너지의 역사요.
★ 교사: 에너지란 무엇인가요?
☆ 학생 1: 에너지란 곧 일이고, 일을 할 수 있는 능력이에요.
☆ 학생 2: 에너지란 어떤 물질을 움직일 수 있는 힘이에요.

[그림 7-4] '과학도서'를 통해 정보를 찾고 공유하는 모습

★ 교사: 잘 이야기해 주었어요. 에너지란 '일을 할 수 있는 능력'인데, 여기에서
　　말하는 '일'이란 무엇일까요?

☆ 학생: 일이란 물체를 움직이게 하는 것, 상태를 변화시키는 것이지요.

② 탐색활동 2: '전문가 특강'을 통해 탐색하기(5～6차시)

좀 더 깊이 알고 싶은 내용은 에너지 분야의 전문가를 초빙하여 설명을 듣기로 하
였다. 교사는 초등과학교육 분야의 박사학위를 가진 전문가를 초청하여 에너지에
대한 개념과 에너지 전환에 대한 과학적 원리를 학생들의 수준에서 쉽게 이해할 수
있도록 특강을 요청하였다. 전문가는 다양한 실생활의 예와 비유를 통해 에너지의
정의와 특징, 종류, 전환의 개념에 대해서 설명하였고, 학생들은 에너지에 대해서
궁금한 것들을 질문하였다.

이를 통해 학생들은 '에너지의 정의와 특징'과 같은 기본적인 것뿐만 아니라 '에너
지 전환'이라는 추상적인 내용까지 깊이 있게 학습할 수 있었다. 학생들은 자신들이
직접 세운 에너지의 분류 기준을 과학자들이 세운 분류 기준과 비교하면서 공통점
과 차이점에 대해 토의하였고, 합리적인 에너지 분류 기준이 무엇인지에 대해서 전
문가와 의견을 나누었다. 다음은 전문가 수업에 대한 학생들의 반응이다.

☆ 학생 1: 아는 것도 별로 없고 생각도 잘 안 나고, 또 확실하다는 생각이 들지 않
　　았는데, 전문가 선생님의 수업도 듣고 실험도 하니까 발명품에 대한 생각도 좀
　　나고 재밌어요.

☆ 학생 2: 처음에 이 메일을 받고는 어떻게 에너지 박람회를 꾸며야 하는지 걱정
　　이 되고 너무 어렵다고 생각했는데, 수업 시간에 에너지 책도 읽고 박사님도
　　오셔서 가르쳐 주셔서 너무 재밌었고 무엇을 해야 하는지 알게 되면서 많은 생
　　각을 할 수 있었어요.

③ 탐색활동 3: '실험'을 통해 탐색하기(7~9차시)

이번에는 학생들이 문제해결을 위한 아이디어를 얻을 수 있도록 에너지에 관한 실험을 하기로 하였다. 실험은 바람에너지, 전기에너지, 열에너지, 물에너지, 탄성에너지가 운동에너지로 전환되는 총 다섯 가지로 진행하기로 하였다.

바람에너지와 열에너지의 운동에너지로의 전환은 바람개비를 만들어 돌려 보았고, 전기에너지의 운동에너지로의 전환은 키트를 이용하여 전기를 연결한 바람개비가 돌아가는 것을 실제로 확인하였다. 물에너지가 운동에너지로 전환되는 실험은 높은 곳에서 물을 흘러내려 물체를 움직이도록 하였다. 탄성에너지가 운동에너지로 전환되는 실험은 미리 만들어 놓은 장난감 프로펠러 모형을 모델로 소개하고, 학생들이 가져온 준비물을 이용해 간단한 발명품을 만드는 활동으로 하였다.

실험이 끝난 후 각 실험을 통해 학생들이 배운 것을 확인하였고, 어려운 점이나 궁금한 점에 대해 토의하였다. 이러한 실험이 모두 끝난 후에 교사는 '에너지 전환'에 대한 개념을 다시 정리하는 시간을 가졌다.

[그림 7-5] 에너지에 대한 실험활동 모습

☆ 학생 1: 즐겁고 신기한 것들이 많았던 수업이었어요. 직접 실험을 통해 더 많은 지식을 얻을 수 있었고, 직접 해 보니까 더 잘 알게 된 것 같았어요.

★ 교사: 자, 이제 바람개비가 잘 돌아가지 않은 이유에 대해서 발표해 봅시다.

☆ 학생 2: 페트병 입구가 까끌까끌하니까 잘 돌아가지 않아요.

★ 교사: 좀 더 자세히 설명해 볼까요?

☆ 학생 3: 페트병 입구가 매끄러우면 부딪히는 부분이 적어서 잘 돌아가는데 까끌하면 잘 안 돌아가요.

★ 교사: 네, 좋아요. 선생님이 만든 것은 지금 여러분들이 만든 것에 비하면 오래 돌아가고 있어요. 그리고 여러분들이 만든 것은 금방 멈추고요. 그 이유가 무엇일까?

☆ 학생 4: 고무줄이 달라서. 선생님의 고무줄은 우리가 만든 고무줄보다 크기도 하고 길이가 달라요.

★ 교사: 좋아요. 친구들을 위해 다시 한 번 정리해 볼까요?

☆ 학생 5: 선생님이 만든 것은 기니깐 그만큼 많이 감아서 많이 돌 수 있어서 더 오래 돌아요. 고무줄의 탄성 때문에 그런 것 같아요.

교사는 학생들에게 "이유가 무엇일까?" "좀 더 자세히 설명하면?" "다시 한 번 발표한 내용을 정리해 볼까요?" 등과 같은 발문을 통해 학생들이 실험활동에서 나타나는 여러 가지 현상에 대해 명료하게 설명하도록 이끌어 갔다. 학생들은 '재료의 크기' '힘의 원동력의 차이' 등을 바람개비가 잘 돌아가는 이유로 제시하였으며, 자신의 생각을 논리적으로 정리해서 다시 발표하였다. 이러한 수업을 통해 학생들은 에너지를 이용한 발명품에 대한 아이디어를 더 얻을 수 있었으며, 자발적으로 실험을 계획하는 모습이 관찰되었다.

④ 탐색활동 4: '비유하기' 활동을 통해 탐색하기- '에너지는 무엇이다' (10차시)
에너지에 대한 지식과 정보를 탐색한 후 '에너지는 무엇이다'라는 제목이 있는 학

습지에 학생 자신이 생각하는 에너지가 무엇인지 글이나 그림으로 표현하는 활동을 하였다. 이 과정에서 학생들이 생각하는 에너지가 무엇인지에 대한 개념들을 자신의 것으로 소화시켜 여러 가지 사물과 현상에 비유하여 다음과 같이 표현하였다.

☆ 학생1: 에너지는 '나무'다.

　　　에너지는 우리에게 이익을 주기 때문이다.

☆ 학생2: 에너지는 '근육'이다.

　　　에너지는 물체를 움직이는 보이지 않는 힘이다.

☆ 학생3: 에너지는 '사랑'이다.

　　　사랑은 사람의 마음을 움직일 수 있기 때문이다.

☆ 학생4: 에너지는 '태양'이다.

　　　태양이 없으면 우리는 못 살기 때문이다.

비유하기 활동을 살펴보면, 학생들이 학습한 내용을 완전히 자신의 것으로 내면화하였을 때, 더욱 발전된 독창적인 사고와 비판적인 사고가 발현되었다. 이를 위해

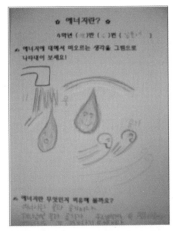

[그림 7-6] 학생들의 '비유하기' 활동의 결과물

탐색하기 단계에서 교사는 다양한 발문 기법의 사용, 개념 습득을 위한 자료와 자원 준비, 습득한 개념을 내면화시킬 수 있는 활동, 학생들이 자신감을 가질 수 있도록 심리적인 환경을 조성하는 등 여러 가지 방법으로 수업 안내자로서의 역할을 수행하였다.

(4) 재탐색 및 해결책 고안 단계(11~14차시)

각 모둠별로 협의하여 해결책 고안을 위한 계획서를 작성하고 평가한 후, 발명품을 구상하고 제작하면서 재탐색과정이 이루어졌다. 교사는 여러 차시 동안 탐색해 왔던 에너지에 대한 지식을 학생들이 발명품 제작에 연결할 수 있도록 도왔다. 학생들은 자기주도적으로 발명품을 제작하고, 발명품 실험 결과에 대해 추론도 해 보고, 발명품이 제대로 작동하지 않았을 때 문제점을 인식하여 새롭게 시도해 보기도 하였다.

또한 매 차시마다 실시하였던 진행과정에 대한 자기평가를 통해 학생들은 게시판과 발명품 제작에 대해서 자신의 모둠이 현재까지 어떻게 진행되어 왔는지 파악하였는데, 정리정돈, 공간 활용, 준비물 등이 미흡했다든가, 발명품이나 안내판이 좀 더 정교하게 완성되지 못했다든가 하는 등의 내용뿐만 아니라 표현 방법에 대해 스스로를 분석하고 평가하였다.

발명품 제작을 마친 후, 마지막 차시에 리허설 시간을 가지면서 동료평가를 실시하여 해결책의 표현 방법과 내용에 대해 분석하고 평가하였다. 학생들은 평가하기 전에 다른 모둠의 진행 상황과 산출물 발표를 열심히 귀 기울여 듣고 게시판이나 산출물을 살펴보면서 조목조목 분석하여 에너지 박람회에 적합한 발명품인지를 평가하였다.

'해결책 고안하기' 활동이 모둠별로 진행되는 과정에서 교사는 계속적으로 모니터링을 하고 학생들이 무엇에 초점을 두어야 하는지, 왜 발명품들을 정교하게 만들어야 하는지 안내하였다. 교사의 이와 같은 안내가 있은 후에야 비로소 학생들은 아이디어를 정교화하기 시작하였다. 학생들도 완성도를 높이고 발표에 성공하기 위

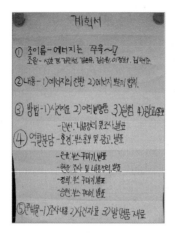

[그림 7-7] 학생들의 '문제해결책 고안하기' 활동 모습

해서는 정교성이 중요하다는 것을 인식하게 되었다.

(5) 발표 및 평가 단계(15~17차시)

이 단계에서는 실제로 박람회를 개최하여 관람객에게 설명하고 실험을 보여 주는 방식으로 발표를 하였다. 교사는 학생들이 모둠에서 준비한 내용을 마음껏 발휘할 수 있도록 격려해 주었고, 모든 학생이 책임감을 가지고 발표할 수 있도록 당부하면서 수용적이고 자기주도적인 학습환경을 조성하였다. 또한 학생들이 실제를 경험할 수 있도록 박람회장과 유사하게 교실을 배치하고 부스를 설치하였고, 관람객들의 평가표, 기타 기자재들을 준비하였다. 교사는 하얀 종이 천으로 칸막이를 해서 각 모둠별로 부스를 만들어 주었고, 학생들은 자기 모둠에서 제작한 게시판과 발명품, 팸플릿, 퀴즈 용지 등을 전시하게 하였다.

같은 학년 친구들과 후배들, 또 과학부 친구들과 많은 선생님이 쉬는 시간에 박람회를 방문하였다. 학생들은 새로운 관람객들이 올 때마다 자기 모둠에서 전시한 게시판과 발명품에 대해 설명하였는데, 시간이 경과되면서 관람객의 흥미에 맞추어 설명하는 모습을 발견할 수 있었다. 다음은 한 모둠의 발표 내용이다.

[그림 7-8] 에너지 박람회 발표 사례

　안녕하세요. 저희는 '에너지는 마술사' 조입니다. 저희는 '물에너지'를 이용한 회전 막대, 탄성에너지 관련 발명품으로 띠용 박스, 그리고 물에너지가 '전기에너지'와 '바람에너지'로 전환되는 실험을 해 볼 예정입니다.

　먼저, 물에너지 발명품 회전 막대를 보여 드리겠습니다. 이 실험은 물이 약간 튈 수도 있습니다. 조금만 물러나 주세요(실험을 직접 보여 준다).

　실험 순서를 간단히 설명해 드린다면, 첫째, 회전 막대를 준비합니다. 둘째, 적당한 양의 물을 회전 막대에 부어 주면 실험은 간단하게 됩니다. 이 실험에서 무엇을 느낄 수 있을까요? (회전 막대가 돌아간다.)

　물에너지는 부어도 부어도 끝이 없는데요. 이것은 바로 물에너지가 재생 에너지이기 때문입니다. 재생 에너지란 이렇게 물처럼 다시 쓸 수 있는 에너지를 말합니다(실험과 에너지의 원리를 적용해서 설명한다).

학생들은 처음 발표할 때는 관람객들의 반응과는 상관없이 책 읽듯이 발표하였다. 그러나 발표가 반복되면서 학생들은 관람객들의 반응과 수준을 살필 수 있는 여유가 생겼고, 때에 따라 어려운 설명보다는 실험을 먼저 보여 주면서 자기 모둠에 집중을 시키고, 에너지의 원리와 실험을 연관시켜서 설명하였다. 학생들의 발표는 매번 조금씩 다른 방법으로 진행되었다.

★ 교사: 아까 선생님이 여러분들이 설명하는 것을 보니까 관람 온 학생들의 수준에 따라 좀 다르게 설명하는 모습을 보았어요. 그렇게 설명한 이유가 있습니까?

☆ 학생 1: 후배들이 '잠재에너지'를 어려워할까 봐 '잠자고 있는 듯한 에너지'라고 설명했을 때 더 잘 알아들었어요.

☆ 학생 2: 잠재에너지가 운동에너지로 변화하는 과정을 띠용 박스를 통해서 설명하는데, 그 '자극을 받는다'는 말을 이해를 못해서 계속 질문을 하고 아리송한 얼굴로 우리를 쳐다보는 거예요. 그래서 자극을 받는 것을 '우리가 충격을 느꼈을 때 쇼크를 받는 그런 거'라고 얘기해 주었더니 이해를 하는 것 같았어요.

모든 발표가 끝난 후 교사는 학생들에게 문제를 처음 만나서부터 해결하여 발표를 하기까지의 과정에 대해 생각해 보고 느낀 점, 좋았던 점, 반성할 점, 칭찬해 주고 싶은 점 등을 자유롭게 이야기하도록 하였다. 학생들은 팀워크, 의사소통, 역할분담 등과 같은 과정상의 문제점, 발명품을 만들 때 제작상의 문제점, 관람객의 수준과 반응, 발표할 때 부스의 위치 등과 같이 발표상의 문제점 등 다양한 측면에서 반성과 토의를 하였다.

★ 교사: 여러분들이 오늘 훌륭하게 박람회를 잘 이루어 냈는데 오늘뿐만 아니라 처음부터 여러분들이 쭉 공부했던 에너지 박람회 단원을 마치면서 느꼈던 것들을 발표해 봅시다. 여러 가지 자유롭게 이야기해 볼까요?

☆ 학생 1: 저는요, 옆 반 친구들에게 할 때는요, 먼저 설명을 하고 발명품을 보여 줬는데요. 후배들에게 할 때는 발명품이 더 흥미를 끌 수 있으니깐 발명품을 먼저 보여 주고 약간의 설명만 했어요.

☆ 학생 2: 처음에 역할분담이 잘 안 돼서 힘들었어요. 팀워크가 중요하다고 생각했어요.

☆ 학생 3: 아이디어도 내고 하면서요. 좀 자꾸자꾸 바뀌 나가고요, 고치고 하면서 힘들었지만 좀 더 재미가 있었던 것 같고요. 완성된 거 보니까 굉장히 잘한 것 같아 뿌듯했어요.

☆ 학생 4: 우리가 스스로 공부를 해서요. 혼자 학습하는 법을 배울 수 있었고요. 그리고요. 생활에서 보지 못하는 신기한 발명품들을 친구끼리 아이디어를 모아서 잘할 수 있어서 좋았어요.

☆ 학생 5: 리허설도 하고 많이 노력을 해서 결과가 좋아서 다행이라고 생각했는데요. 또 3학년 애들이요. '전환'이라는 말을 이해를 못 해서 전환이 뭐냐고 물어봤더니 그냥 도는 것 아니냐고 그래서 그걸 자세히 설명해 주지 못해서 더 아쉬웠어요.

☆ 학생 6: 저희가 만들 때는요. 친구들에게 맞춰서 만들었는데요. 박람회를 열었을 때 후배들이 와서요. 말을 더 쉽게 바꾸어 만들어서 설명해 줘야 돼서요. 구경하는 사람들의 눈높이에 맞춰야겠다고 생각했어요.

3) 학습평가

학생들의 활동과정 중에 창의적 문제해결력, 자기주도적 학습능력, 협동 능력 등은 관찰을 통하여 평가하였고, 마지막 결과물은 포트폴리오를 통한 수행평가 방법으로 평가를 실시하였다.

지식의 습득에 대한 평가는 해당되는 교육과정 목표를 기초로 하여 지필평가와 수행평가로 실시하였다. 문제중심학습으로 개발하면서 내용지식과 과정지식(기능), 태도의 세 가지 하위 영역으로 구분하여 목표를 재구성하였으므로 이에 따라 평가내용을 제시하면 〈표 7–6〉과 같다.

〈표 7–6〉 '에너지 박람회' 문제에서 지식 습득의 평가

평가요소	평가내용	평가방법
내용지식	• 에너지의 정의, 종류, 특징에 대해 설명할 수 있는가? • 에너지는 한 형태에서 다른 형태로 전환될 수 있음을 설명할 수 있는가?	• 지필평가
과정지식 (기능)	• 에너지의 사용현황과 에너지 절약방법에 대해 조사할 수 있는가?	• 수행평가 –관찰 –체크리스트
태도	• 실생활에서 활용되는 에너지에 관심을 갖는가? • 에너지를 효과적으로 활용하고 절약하는 태도를 보이는가?	• 수행평가 –체크리스트

또한 창의적 문제해결력에 대한 평가는 문제중심학습의 각 단계를 진행하는 과정에서 〈표 7–7〉과 같이 평가하였다.

〈표 7–7〉 '에너지 박람회' 문제에서 창의적 문제해결력 평가

평가요소	평가내용	평가방법
문제 발견 및 인식 능력	• 해결해야 할 문제가 에너지 박람회의 부스를 제작하는 것임을 인식하는가? • 박람회 내용에는 에너지에 대한 소개와 발명품이 포함되어야 함을 인식하는가?	• 지필평가 –학습지 활용 • 수행평가 –관찰(체크리스트)
문제해결 계획 능력	• 에너지 박람회의 부스를 제작하기 위해서 알아야 할 것들을 다양하고 구체적으로 제시할 수 있는가? • 알아내는 방법을 다양하고 구체적으로 제시할 수 있는가?	• 지필평가 –학습지 활용 • 수행평가 –관찰(체크리스트)
문제해결책 고안 및 발표능력	• 에너지에 대해 탐색했던 지식과 정보를 활용하여 창의적이고 적절한 발명품을 제작하였는가? • 에너지 박람회에 전시한 작품에 대해 적절하게 설명할 수 있는가?	• 수행평가 –관찰(체크리스트) –포트폴리오

21세기 우주 개발 —태양계와 별(5~6학년)

1. 문제개발 과정

1) 교육과정 고려하기

2009 개정 교육과정 5, 6학년군 '생명과 지구' 분야의 '태양계와 별' 단원은 '태양과 행성' '별과 별자리'를 다루는 내용으로 구성되어 있으며, 구체적인 목표는 다음과 같다.

- 태양계를 구성하는 행성을 조사하고, 태양이 지구의 에너지원임을 이해한다.
- 행성의 상대적 크기와 거리를 비교한다.
- 별이 무엇인지 알아보고, 별들의 연결인 별자리를 이해한다.
- 북두칠성과 카시오페이아 자리를 이용하여 북극성을 찾을 수 있다.
- 인류가 우주를 탐사하는 이유를 이해한다.

2015 개정 교육과정에서는 '태양계와 별'이라는 단원명은 같으나 '우주' 영역으로 구분되어 있고, "태양계에 대한 학생들의 폭넓은 관심과 호기심에서 출발하여, 행성을 중심으로 한 태양계의 특징과 별자리를 이해하게 함으로써 태양계와 우주에 대해 탐구하려는 태도를 갖도록 한다."라는 전체적인 목표하에 〈표 7-8〉과 같은 내용들로 구성되어 있다.

〈표 7-8〉 '태양계와 별' 단원의 내용구성(2015 개정 교육과정)

핵심개념	일반화된 지식	내용요소	관련 기능
태양계의 구성과 운동	태양계는 태양, 행성, 위성 등 다양한 천체로 구성되어 있다.	• 태양 • 태양계 행성 • 행성의 크기와 거리	• 문제인식 • 탐구 설계와 수행 • 자료의 수집 · 분석 및 해석 • 수학적 사고와 컴퓨터 활용 • 모형의 개발과 사용 • 증거에 기초한 토론과 논증 • 결론 도출 및 평가 • 의사소통
	태양계 천체들의 운동으로 인해 다양한 현상이 나타난다.	• 낮과 밤 • 계절별 별자리 • 달의 위상 • 태양 고도의 일변화	
별의 특성과 진화	우주에는 수많은 별들이 존재하며, 표면온도, 밝기, 거리 등과 같은 물리량에 따라 분류된다.	• 별의 정의 • 북쪽 하늘 별자리	

이와 같이 광범위한 우주 관련 내용 중에서 우리의 미래생활과 가장 밀접하게 관련을 갖는 핵심개념으로 '태양계 행성들의 특성과 구조'를 선정하여 문제중심학습으로 재구성하였다. 전체 단원 목표를 "우주 속 태양계 행성들의 특성을 이해하고 관계를 파악함으로써 우주 관련 문제를 창의적으로 해결할 수 있다."로 설정하고 내용지식, 과정지식, 태도의 하위 목표를 〈표 7-9〉와 같이 설정하였다.

〈표 7-9〉 '우주 개발' 단원의 영역별 목표

내용지식	• 태양계를 중심으로 하는 행성들의 특징을 이해한다. • 태양계 행성들은 규칙적인 운동을 하며 이러한 운동으로 밤낮의 변화, 계절의 변화가 일어남을 이해한다. • 별의 특성을 이해한다.
과정지식 (기능)	• 행성과 별을 관측할 수 있다. • 태양계 행성들의 상대적 크기와 거리를 비교할 수 있다. • 신뢰할 만한 과학적 지식과 정보를 근거로 논리적으로 추론하고, 예상할 수 있다.
태도	• 우주에 대한 호기심을 가지고, 우주 개발에 대한 적극적인 태도를 가진다.

이 단원에서는 지구의 크기와 태양에서부터의 거리를 기준으로 다른 행성들의 크기와 거리를 비교하게 된다. 따라서 5, 6학년군 수학 교육과정에서 5학년 2학기 '소수의 곱셈과 나눗셈', 6학년 2학기 '비와 비율'의 내용도 통합하여 지도할 수 있다.

2) 학습자 특성 파악하기

학생들의 우주에 대한 관심과 호기심을 파악하기 위해 우주에 대해 떠오르는 생각을 마인드맵으로 그려 보게 한 결과, 많은 학생이 우주에 관해 다양한 관심과 호기심을 나타내었고, 특히 우주여행과 탐사에 관해 관심을 보였다([그림 7-9] 참조).

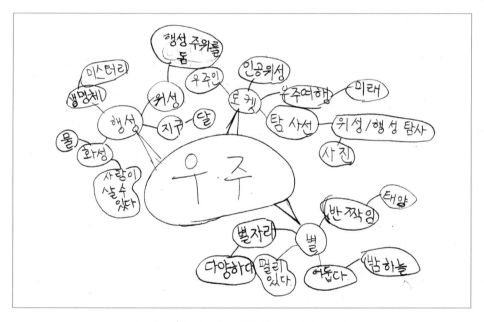

[그림 7-9] '우주'에 대한 학생들의 마인드맵

'우주'에 관해 학생들이 '알고 있는 것'이 무엇인지 설문을 통해 좀 더 자세히 알아본 결과는 다음과 같다.

◼ '우주'에 대해 알고 있는 것

- 우주는 끝도 없이 넓다.

- 우주에는 여러 행성이 존재한다.

- 우주에는 중력이 없다.

- 우주에는 공기가 없다.

- 우주에는 블랙홀이 있다.

- 우주에 가려면 우주복과 우주선이 필요하다.

- 우주에는 우주정거장이 있다.

- 우주에 인공위성을 띄워서 GPS, 날씨 등을 알 수 있다.

우주에 대해 학생들이 '더 알고 싶어 하는 것'과 '궁금한 것'은 다음과 같았다.

◼ '우주'에 대해 더 알고 싶어 하는 것

- 우리가 살 수 있는 다른 행성이 있을까?

- 우주에는 다른 생물체가 있을까?

- 우주에 있는 행성들은 어떤 특징들이 있나?

- 블랙홀에 빨려 들어가면 어떤 일이 일어날까?

- 우주에 가기 위해서는 어떤 교육을 받아야 하는가?

3) 잠정적 문제선정과 문제지도 그리기

최근 각국에서는 새로운 천체를 발견하기 위한 노력을 할 뿐만 아니라 지구 밖의 다른 행성을 찾아서 개발하는 사업에 투자를 하고 있는 추세이다. 앞에서 파악한 학습자의 특성과 '태양계와 별' 교육과정 목표를 고려하고 각국의 이러한 우주 탐험에 대한 요구를 반영하여 잠정적인 문제를 〈사례 7-2〉와 같이 찾게 되었다.

〈사례 7-2〉

美·러 이어 中까지… 세계는 지금 '우주전쟁'

영화 〈마션〉에서처럼 우주여행도 하고 화성에도
갈 수 있는 우주 시대가 올 수 있을까?
인간의 목표대로라면 10년 내 현실화될 전망이다.
미국, 중국, 러시아 등 각국의 '우주전쟁'이
본격화하고 있기 때문이다. 미국이 정부와 기업이
합심해 화성 여행을 계획하는 가운데
중국은 유인 우주정거장 프로젝트의
첫발을 내디뎠다. (중략)

출처: 이데일리(2016. 10. 17.).

　이러한 '우주 개발'이라는 잠정적 문제를 중심으로 [그림 7-10]과 같이 문제지도
를 작성하여 학습활동을 계획해 보고 이 문제가 교육과정 내용을 포괄할 수 있는지
확인해 보았다.

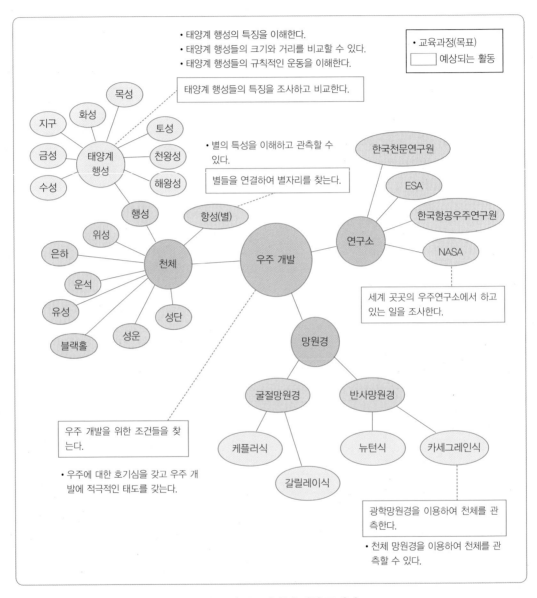

[그림 7-10] '우주 개발'에 대한 문제지도

4) 역할과 상황 설정하기

우주를 연구하고 개발하기 위해서는 다양한 분야의 '과학자'와 우주비행선을 제작할 '엔지니어', 우주를 항해할 '우주비행사'가 필요하다. 그리고 우주선을 운행하는 데 있어서 우주선의 속도와 거리를 계산하는 '수학자'의 역할도 중요한데, 운행 시간과 속력에 따라 연료의 양을 측정하고, 우주라는 공간에서 살아갈 생명을 유지하는 장치들을 준비할 수 있기 때문이다. 또한 우주를 인간이 살 수 있는 환경으로 만드는 '건축가'도 필요하다. 이러한 모든 것을 포괄할 수 있는 '우주 개발자'로 문제 중심학습의 역할을 정하고 문제상황을 [그림 7-11]과 같이 설정하였다.

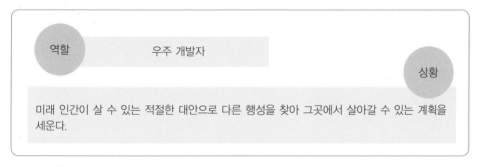

역할   우주 개발자   상황

미래 인간이 살 수 있는 적절한 대안으로 다른 행성을 찾아 그곳에서 살아갈 수 있는 계획을 세운다.

[그림 7-11] '우주 개발' 문제에서의 역할과 상황

5) 문제 작성하기

한국항공우주연구원의 원장이 연구원들에게 우주 개발의 임무를 설명하는 방식으로 실제 동영상을 제작할 수도 있는데, 여기서는 파워포인트를 활용하여 슬라이드 자료로 구성하였다.

〈사례 7-3〉

'우주 개발' 문제 시나리오

안녕하세요?

저는 한국항공우주연구원장입니다. 여러분, 우주 개발에 대해 들어 본 적이 있나요? 인류는 생존을 위한 도구들을 발견하고 문명을 이루어 가며 발전을 거듭하여 현재와 같은 삶을 영위하기에 이르렀습니다. 그러나 그 과정에서 발생한 지나친 자원의 개발과 산업 활동으로 인해 최근에는 자원 고갈과 환경 파괴와 같은 문제들이 대두되었지요.

신비롭고 광활한 우주는 과거로부터 인류의 동경의 대상이었고 그에 따른 무궁무진한 자원도 개발 가능성도 있겠지요.

그래서 여러분들이 지금부터 저와 함께 한국항공우주연구원의 우주개발연구원이 되어 태양계의 천체 중에서 하나로 이주하여 인간이 생활할 수 있도록 계획을 세워 보도록 합시다.

2. 교수 · 학습 과정

1) 교수 · 학습 계획

〈표 7-9〉의 재구성된 목표에 따라 〈표 7-10〉과 같이 교수 · 학습 계획을 세웠다.

〈표 7-10〉 '우주 개발' 단원의 교수 · 학습 계획

문제해결 단계	문제해결 활동	차시
문제제시	■ 동기유발 • 현재 인류가 직면한 문제는 무엇이 있을까요? • 2050년 지구의 모습은 어떨까요? ■ 문제제시 • 항공우주연구원장의 편지	1

	■ 문제파악 • 우리가 해결해야 할 문제는 무엇일까? −해결해야 할 문제에 대해 생각해 보기, 문제 재정의	
문제해결 계획	**■ 문제해결 계획표 만들기** | 알고 있는 것	알아야 할 것	알아내는 방법 | |---|---|---| | | | | • 문제해결을 위해 우리가 알고 있는 것은 무엇인가? • 문제해결을 위해 우리가 더 알아야 할 것은 무엇인가? • 더 알아야 할 내용에 대한 정보를 얻을 수 있는 방법에는 어떤 것이 있는가? **■ 탐색 내용 정하기** • 문제해결 계획표를 통해서 탐색 내용을 정리하기 **■ 탐색 순서 정하기** • 탐색의 우선순위를 정하고 계획을 세우기	2

탐색 및 재탐색	**■ 문제해결을 위한 탐색 및 재탐색하기**
	• 탐색활동 1: 천체의 종류와 특성 알아보기
	   −항성, 행성, 은하, 성운, 성단, 소행성 등
	• 탐색활동 2: 항성들과 별자리 알아보기
	• 탐색활동 3: 태양계 행성들의 종류 및 특성에 대해 알아보기
	   −수성, 금성, 지구, 화성, 목성, 토성, 천왕성, 해왕성
	• 재탐색 활동 1: 태양계 행성들의 움직임(공전과 자전) 알아보기
	• 탐색활동 4: 태양계 행성들의 크기와 거리 비교하기
	• 탐색활동 5: 태양계 행성들 관측하기
	• 탐색활동 6: 이주할 천체 선택하기
	   −이주행성이 갖추어야 할 조건 알아보기
	■ 문제해결 계획의 검토 및 수정
	• 더 필요한 것은 없는지 확인하고 더 알아야 할 것들을 추가적으로 알아본다.
		3~11

해결책 고안	■ **해결책 고안하기**
	• 선택한 행성으로 이주계획 세우기
	  −공기 공급, 물 공급, 식량 공급, 이동수단, 주거지 건설, 에너지 공급 방
	  법 등
		12~13

발표 및 평가	■ **해결책 발표** • 모둠별로 고안한 이주계획 발표 ■ **해결책 평가(자기평가, 동료평가)** ■ **문제해결 과정과 참여태도 평가**	14

교육과정 목표의 과정지식(기능)과 태도에 대한 평가는 수업의 과정 중에 수행평가와 교사의 관찰을 통해 실시하고, 내용지식의 습득 정도에 대한 평가는 수업 이후 지필평가를 통해 실시하기로 한다. 또한 창의적 문제해결력의 평가는 문제해결의 각 과정에서 교사의 관찰과 학습지를 통해 과정 중심으로 평가하고 포트폴리오 방법으로 최종 결과물을 평가하기로 계획하였다.

2) 교수 · 학습 실행

(1) 문제제시 단계(1차시)

① 동기유발: "미래에 인류가 지구에서 살 수 없는 상황이 온다면 어떻게 해야 할까요?"라는 질문을 통해 동기를 유발시킨다. NASA의 우주 개발 관련 자료나 우주 관련 영화를 보여 줄 수도 있다.

② 문제제시: 파워포인트를 활용하여 문제상황을 제시한다(〈사례 7−3〉 참조).

③ 문제파악: 문제상황을 함께 읽어 본 후, 학생들이 이해하고 있는지 확인하기 위해 문제를 직접 정의해 보도록 하였다.

(2) 문제해결 계획 단계(2차시)

★ 교사: 우리가 해결해야 할 문제는 무엇일까요?

☆ 학생: 우주로 가서 살아야 해요.

★ 교사: 그러면 우주로의 이주계획과 관련하여 알고 있는 것은 무엇인가요?

☆ 학생 1: 우주는 끝이 없어요. 넓어요.

☆ 학생 2: 공기가 없고 중력이 없어요.

★ 교사: 우주로 이주하기 위해 우리는 무엇을 더 알아봐야 할까요?

☆ 학생: 우주에 뭐가 있나 알아봐요.

★ 교사: 우주에 있는 것을 '천체'라고 합니다. 그럼 천체들에는 어떤 것이 있는지
　　　알아봐야 하겠군요.

문제해결을 위해 '알고 있는 것' '알아야 할 것' '알아내는 방법'에 대한 제목이 적힌 카드와 전지를 붙여 놓고, 알고 있는 것은 학생들과 함께 이야기해 보면서 교사가 기록하였다. 알아야 할 것은 모둠별로 생각해 적어 보게 한 다음, 발표를 하도록 하였다. 그리고 문제해결에 필요한 내용인지 전체와 함께 논의하여 중요한 것들을 뽑아내고, 어떤 것을 먼저 알아볼지 순서를 정하고 알아내는 방법도 토의하였다. 알아야 할 것들은 색지에 적도록 하여 범주화하고 우선순위를 정하는 과정에서 '천체' 또는 '태양계'와 같은 과학적 개념을 구분하게 할 수 있었다. 학생들과 함께 토의하며 탐구할 내용과 순서를 정리한 문제해결 계획은 〈표 7–11〉과 같다.

〈표 7–11〉 '우주 개발' 단원의 문제해결 계획표

알고 있는 것	알아야 할 것	알아내는 방법
• 우주에는 별이 있다. • 우주에는 여러 가지 천체가 있다. • 우주에 나가기 위해서는 우주선을 타야 한다.	• 우주에는 무엇이 있을까? 　–천체의 종류에는 어떤 것이 있을까? (별, 행성 등) • 태양계 행성들의 특징 　–크기는 얼마나 클까? 　–대기에는 무엇이 있을까? 　–토양 구성 물질에는 어떤 것이 있을까? 　–태양 혹은 지구로부터 얼마나 떨어져 있나?	• 백과사전과 책 • 인터넷 검색 • 동영상 • 전문가 인터뷰

• 태양계 행성에는 수성, 금성, 지구, 화성, 목성, 토성, 천왕성, 해왕성이 있다.	−위성이 있는가? −생명이 살고 있는가? −물이 있을까? −하루와 1년의 길이는 얼마나 될까? (시간) −계절이 있을까? • 사람이 이주하여 살기 위해서는 무엇이 필요할까?	

(3) 탐색 및 재탐색 단계(3∼10차시)

① 탐색활동 1: 천체의 종류 및 특성 알아보기(3∼4차시)

★ 교사: 우주 이주계획을 세우기 위해 무엇부터 알아보기로 하였지요?

☆ 학생 1: 우주에 뭐가 있는지 알아봐요.

☆ 학생 2: 태양계 행성이요.

★ 교사: 우주에 있는 물체를 '천체'라고 하는데요. 태양계 행성과 천체 중에 무엇을 먼저 알아볼까요?

☆ 학생: 천체가 뭔지를 먼저 알아봐요.

★ 교사: '행성'이란 천체의 여러 종류 중 하나이지요. 그래서 행성 외의 다른 천체에는 무엇이 있는지를 먼저 알아보는 게 좋겠네요.

우주에는 무엇이 있는지부터 알아보기 위해 다양한 천체에 대해 알아보고, 그중에 인간이 살 수 있을 만한 곳을 찾아 좀 더 탐구해 보도록 하였다. 여기서도 학생들은 알아야 할 것들을 정하는 과정을 통해 과학적 개념을 이해하고 범주화할 수 있었다.

교사는 여러 가지 천체에 대해 흥미별로 모둠을 구성하거나 모둠에서 한 가지 천체를 정하여 자세히 조사를 하고 학생들이 전문가가 되어 발표를 하도록 안내하였다. 학생들은 책 자료와 인터넷 자료를 가져와서 전지에 조사내용을 정리하여 발표하였다.

발표를 듣는 학생들에게는 정보탐색을 통해 알게 된 내용을 '우주'를 주제로 한 책으로 만들어 보게 하였다. 교사는 학생들과 함께 16절지 정도 크기의 색지 여러 장을 반으로 접어 스테이플러로 찍어 책을 만들어, 첫 장은 목차를 쓰고 다양한 천체에 대한 발표를 듣고 자유롭게 활용하도록 하였다. 5학년 1학기 과학교과서 부록에는 행성에 대한 사진 자료만 있어서 천체를 그려 보거나 개별적으로 프린트를 하여 붙여 자기만의 우주에 대한 책을 만들 수 있도록 하였다.

★ 교사: 여러분들의 발표를 통해 천체에는 항성, 행성, 위성, 성운, 성단, 혜성, 블랙홀, 소행성 등이 있다는 것을 알게 되었지요. 자, 이제 인간이 살 수 있을 만한 곳으로는 어디가 좋을까요?

☆ 학생 1: 항성은 너무 뜨겁잖아요. 성운은 먼지와 가스니 안 되잖아요. 혜성도 작은 암석이고요.

☆ 학생 2: 지구와 같은 행성이 좋을 것 같아요. 행성은 항성 주변을 도는 천체니까 태양처럼 에너지도 받을 수 있지 않을까요?

☆ 학생 3: 위성이요. 크기도 사람이 살 수 있을 것 같고 행성 주변을 돌고 있으니까 태양 같은 항성으로부터 오는 열이나 빛을 받을 수 있잖아요.

★ 교사: 우주에는 행성들이 셀 수 없을 정도로 많고 지금까지 밝혀진 것은 극히 일부라고 하지요. 그렇다면 무엇부터 알아봐야 할까요?

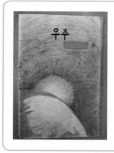   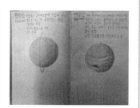

[그림 7-12] 학생들이 만들어 본 '우주'를 주제로 한 책

☆ 학생 1: 우주는 너무 크고 멀잖아요. 우리가 가려면 태양계 행성들부터 알아봐
   야 할 것 같아요.

☆ 학생 2: 그런데요, 선생님. 항성이 없으면 행성과 위성도 없잖아요. 행성에 대
   해 알아보기 전에 태양과 같은 항성에 대해서 더 알아보면 좋겠어요.

★ 교사: 우주에 항성들이 정말 많지요. 그러면 다음 시간에는 지구에서 볼 수 있
   는 빛나는 별, 항성에 대해서 알아볼까요?

이 과정에서 학생들은 문제를 해결하기 위해 무엇을 알아야 하는지, 왜 알아야 하
는지에 대해 명확하게 알게 되면서 학습 주제에 대한 흥미와 몰입도도 높아졌다.

② 탐색활동 2: 항성들과 별자리 알아보기(5차시)

우주라는 것은 지구에서 봤을 때 매일의 밤하늘이다. 밤하늘에 빛나는 천체들에
는 행성, 항성이 섞여 있기 때문에 이를 구분 짓기 위해 우선 별자리를 주제로 항성
에 대해 좀 더 탐구해 보도록 하였다. 학생들은 이전 시간에 천체들에 대해 알아보
면서 스스로 에너지를 가지고 빛을 내는 천체가 '항성'이라는 것을 알게 되었다.

또한 별자리에 대해서는 신화나 이야기를 통해 이미 접해 본 경험들이 있기 때문
에 친숙하게 탐구할 수 있었다. 별 무리를 연결하여 별자리를 만들고, 관련된 이야
기도 알아보았다.

천체 관측 프로그램인 스텔라리움을 노트북에 다운받아 학생들이 날짜와 시각에
따라 관측할 수 있는 별과 봄(춘분), 여름(하지), 가을(추분), 겨울(동지)의 계절에 따
라 볼 수 있는 별자리를 탐구해 보았다. 북쪽 하늘에서 일 년 내내 볼 수 있는 북두
칠성과 카시오페이아 자리를 이용하여 북극성도 찾아보았다. 학생들은 북극성이
아주 오래전부터 바다에서 항해를 할 때 길잡이가 되어 주었던 별이기도 해서 우리
생활과도 관련이 깊은 항성이라고 생각하였다. 그리고 밤하늘의 별을 찾기 쉽지 않
기 때문에 스마트 기기의 천체 관측 앱 '스타워크(star walk)'나 천체 관측 프로그램
'스텔라리움(stellarium)'을 이용하여 관측하였는데 학생들이 매우 흥미로워하였다.

③ 탐색활동 3: 태양계 행성들의 종류 및 특성에 대해 알아보기(6~7차시)

★ 교사: 지난 시간에는 우주에 항성들이 매우 많다는 것을 관측했지요. 우주에
　　는 항성들이 너무 많아서 지구에서 잘 보이는 항성들로 우리 조상들은 별자리
　　를 만들기도 했었다는 것을 알게 되었습니다. 오늘은 무엇을 알아보기로 하였
　　지요?

☆ 학생: '행성'이요.

★ 교사: 행성은 셀 수 없을 정도로 많고 지금까지 밝혀진 것은 극히 일부라고 하
　　는데, 무엇부터 알아봐야 할까요?

☆ 학생: 우리가 가려면 '태양계 행성'부터 알아봐야 할 것 같아요.

★ 교사: 그렇게 해요. 여러분은 행성에 대해서는 무엇을 알아보고 싶은가요?

☆ 학생 1: 크기요. 얼마나 큰지 궁금해요. 그래야 사람이 얼마나 살 수 있을지 알
　　수 있잖아요.

☆ 학생 2: 지구에서의 거리를 알아야 할 것 같아요. 왜냐하면 가는 데 걸리는 시
　　간이 있잖아요.

☆ 학생 3: 물이랑 산소가 있는지 알아봐야 해요.

☆ 학생 4: 기온이요. 우주는 춥다고 하던데, 우리는 너무 추운 곳에나 더운 곳에
　　서는 못 살잖아요.

★ 교사: 그러면 다음 시간까지 태양계 행성에 대해 책 자료를 준비해 오도록 합
　　시다. 인터넷 자료도 찾아오도록 해요. 모둠별로 노트북으로 슬라이드 자료를
　　만들어 발표하도록 하겠습니다.

8개의 태양계 행성들(수성, 금성, 지구, 화성, 목성, 토성, 천왕성, 해왕성)에 대해 학생
들이 알아보기로 한 것을 정리하면 다음과 같다.

• 각 행성은 얼마나 큰가?
• 대기는 무엇으로 이루어져 있는가?

- 토양의 구성성분은 무엇인가?
- 태양으로부터의 거리는 얼마나 떨어져 있는가?
- 위성이 있는가? 몇 개 있는가? 위성의 특징은 무엇인가?

각 모둠별로 행성을 하나씩 선택하여 학생들이 열거한 조건들에 대해 탐색하였다(여기서 협동학습의 '직소우 II 모형'을 활용하여 각 모둠별로 선택한 행성들의 크기와 거리, 대기, 토양 등을 모둠 안의 구성원이 전문가가 되어 각각의 주제별로 탐색해 보게 할 수 있다). 학생들의 발표 이후 교사는 학생들이 각 행성에 대해 이해를 했는지 확인하고 미흡한 부분은 추가로 질문하고 보충 설명을 하였다. 그리고 나서 학생들은 앞서 만든 우주책에 태양계 행성들의 특징을 기록하고, 5학년 1학기 실험관찰책 부록에 있는 태양계 행성 카드나 사진 자료를 붙여 가며 책을 만들도록 하였다.

학생들이 행성들에 대해 탐구하면서 접한 우주 관련 뉴스에는 지구와 유사한 환경을 갖춘 위성 탐사에 대한 내용이 많았다. 실제 위성은 행성 주변을 도는 천체로 태양계 행성만큼이나 다양한 탐사가 이루어지고 있어서 학생들은 행성에 대한 발표를 하면서 위성의 특징에 대해서도 발표하였다.

★ 교사: 여러분이 발표한 행성의 위성들 중에 기억나는 것이 있나요?

☆ 학생 1: 지구의 위성 달이요. 달이 있기 때문에 태양으로부터 오는 에너지를 조절해 주어 지구에 생명이 살게 되었다는 것이 기억에 남아요.

☆ 학생 2: 목성의 위성 유로파요. 유로파에 대한 새로운 발견들이 나오고 있다고 했는데요. 유로파의 지각이 대부분 얼음이라는데, 얼음바다 아래에 물이 있을지도 모른다고 했잖아요. 그런데 달보다 작아서 우리 인간이 다 가서 살 수 있을지 모르겠네요.

☆ 학생 3: 토성의 위성 타이탄이요. 질소가 많아서 원시 지구 모습과 같다고 하는데 지구와 닮은 것 같아요.

④ 재탐색활동 1: 태양계 행성들의 움직임(공전과 자전) 알아보기(8차시)

문제해결 계획 세우기 단계에서 알아야 할 것으로 논의되지 않았지만 태양계 행성들은 어떻게 움직이는지 알아보자는 의견이 나와서 태양계 행성에서 '공전'과 '자전'에 대해 알아보기로 하였다.

★ 교사: 여러분들이 태양계 행성에 대해 발표할 때 공전주기와 자전주기에 관해 말했는데요. '공전'은 행성이 태양 주변을 회전하는 데 걸린 시간입니다. 우리 지구는 1년이 걸리는데 이를 열두 달로 나누어 달력으로 시간을 쓰고 있지요. '자전'은 행성이 스스로 한 바퀴 도는 데 걸린 시간으로 하루 24시간으로 쓰고 있답니다.

유의점

태양계 행성들의 공전과 자전의 주기는 지구에서 잰 시간의 개념인데, 예를 들면 '화성'의 자전주기는 지구와 비슷하지만 공전주기는 태양 주변을 1바퀴 도는 시간이 지구가 2바퀴 도는 시간과 같기 때문에 지구보다 느리다. 쉽게 생각하면 지구에서 열 살이면 화성에서는 다섯 살인 것과 같다.

학생들은 자전주기와 공전주기를 비교하는 것을 어려워하였다. 그래서 교사가 태양계 행성들의 공전 모습을 보여 주는 영상 자료(네이버 TV캐스터, 유튜브)를 찾아 제시하였다. 학생들은 지구와 비슷한 지구형 행성들은 태양 가까이에 있어서 공전 속도가 목성형 행성들에 비해 빠르지만 자전 속도는 목성형 행성들이 가스행성이라 가벼워 더 빠르다는 것을 발견하게 되었다. 그래서 지구형 행성이 인류가 적응하기에 좋겠다고 논의하였다.

⑤ 탐색활동 4: 태양계 행성들의 크기와 거리 비교하기(9차시)

★ 교사: 오늘은 태양계 행성들의 크기를 비교해 보기로 했는데 가장 큰 행성은

얼마나 클까요? 지구가 몇 개 정도 들어갈까요?

☆ 학생: 목성의 반지름을 지구의 반지름으로 나눠 보면 11 정도 된다고 해요.

★ 교사: 네. 지구 반지름을 1로 했을 때 다른 행성들의 크기가 어떻게 되는지 계산하여 표를 만들어 보면서 비교해 볼까요?

지구의 반지름(약 6,400km)을 1cm로 축소하여 다른 행성들의 크기를 지구 반지름으로 나누어서 그 비율에 맞게 그리도록 하였다. 그리고 태양에서 지구까지의 거리(1억 5,000만 km)를 1cm로 축소하고, 태양에서 다른 행성들까지의 거리는 계산기를 활용하여 비율로 계산하여 각 행성들의 크기와 거리 비교표를 [그림 7-13]과 같이 만들도록 안내하였다. 그런데 이 과정에서 지구에서 태양까지의 거리를 1cm로

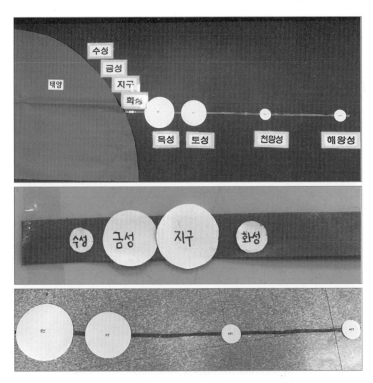

[그림 7-13] 태양계 행성들의 크기 비교하기

하였더니 수성과 금성을 붙일 공간이 없다는 의견이 나와서 지구에서 태양 사이의 거리를 5cm로 다시 수정하였다. 수학에서 '자연수÷자연수'만을 배운 5학년 학생들이지만 자연스럽게 '비와 비율'에 관해 통합적인 교육을 할 수 있었다.

⑥ 탐색활동 5: 태양계 행성들 관측하기(10차시)
☆ 학생: 태양계 행성들의 크기나 거리가 우리가 쓰고 있는 단위보다 너무 커서 얼마나 큰지 가늠이 안 되는데요. 실제 지구에서 보면 어떨지 궁금해요.

학생들은 태양계 행성들을 탐구하면서 우주에서 허블망원경으로 촬영한 사진들을 보고, 크기와 거리도 축소하여 그려 보고 비교해 보았지만 그 규모가 엄청나고 실제 본 적이 없어 천체를 막연하게 느끼는 경우가 많았다. 그래서 지구의 밤하늘에서 볼 수 있는 행성들을 천체 관측 프로그램 '스텔라리움(stellarium)'을 통해 시각과 하늘의 방향에 따라 관측하고 기록해 보게 하였다.

천체 관측 프로그램은 시간의 제약이나 하늘의 상황과 상관없이 관측할 수 있기 때문에 효과적이었고, 학생들은 별인 줄 알았던 천체가 행성이라는 사실에 대해 흥미로워하였다. 관측 시기나 시각은 다르지만 주로 금성, 화성, 목성, 토성을 지구에서 관측할 수 있다.

☆ 학생 1: 지구에서 보면 이렇게 작은지 몰랐어요. 신기해요.
☆ 학생 2: 망원경으로 보면 목성의 줄무늬와 위성까지 볼 수 있다는 게 놀라워요. 토성의 고리가 아름답다는 이야기만 들었는데 실제 보니까 정말 예쁘네요.

천체 관측 프로그램이나 망원경으로 관측을 할 때 항성들은 확대를 해도 작은 빛나는 점일 뿐이지만, 태양계 행성들 중 지구와 가까운 화성, 목성, 토성의 경우에는 작게나마 표면 관측이 가능하기 때문에 학생들은 신비감을 느꼈다. 그리고 학생들은 목성이나 토성의 경우 크기에 비해 멀리 떨어져 있기 때문에 작게 보인다는 사실을 직접 확인함으로써 우주에서의 크기와 거리의 정도가 우리가 생각하는 것보다 훨씬 거대함을 경험하였다.

유의점

　　천체 관측 프로그램에서 천체를 확대하면 쉽게 관찰할 수 있다. 그러나 학생들은 직접 망원경으로 관측하는 것을 흥미로워하므로 망원경의 구조와 조작기능을 미리 익히도록 한 후, 밤에 관측하는 것이 좋다. 망원경이 없다면 천문 관측 동호회 카페 등으로 검색하여 도움을 요청할 수도 있다.

⑦ 탐색활동 6: 이주할 천체 선택하기(11차시)

　우주의 천체와 태양계 행성에 대한 자료 탐색이 끝나고 태양계 행성들의 크기와 거리를 비교하면서 학생들은 '지구형 행성들' 중에 이주할 행성을 찾는 것이 좋겠다고 의견을 모았다.

★ 교사: 여러분들은 천체들 중 어디로 이주를 하고 싶은가요?

☆ 학생 1: 목성이 크니까 목성이요.

☆ 학생 2: 가스행성인데?

★ 교사: 기체가 대부분이지만 액체인 부분도 있고, 내부에는 고체로 된 부분도 있답니다.

☆ 학생: 너무 멀면 추울 것 같고 지구 근처의 행성이면 좋겠는데요. 금성은 섭씨 400도가 넘으니까 너무 뜨겁고, 화성이 좋을 것 같아요. 지구보다 작긴 하네요.

　학생들은 태양계 행성들 중에서 목성, 토성, 천왕성, 해왕성과 같은 목성형 행성들은 크기가 커서 많은 인류가 갈 수 있어서 좋다고 생각하였다. 그러나 기체로 이루어진 가스행성이고, 태양으로부터 멀리 떨어져 있기 때문에 춥고, 이동시간이 오래 걸려 이주행성으로 적절하지 못하다는 결론을 내렸다. 그리고 수성, 금성, 지구,

화성과 같은 지구형 행성들의 크기는 작지만 암석으로 이루어져 밀도가 높은 행성이며 태양이나 지구와도 가깝기 때문에 적절하다고 판단하였다.

학생들은 또한 최근 주목받고 있는 목성의 위성 '유로파'에는 얼음으로 덮인 바다가 있는데, 얼음 아래에 물이 있을 거라고 하여 관심을 보였다. 그리고 토성의 위성 '타이탄'도 대기에 질소가 많아 원시 지구의 모습과 비슷하므로 생명이 있을 수 있다는 점도 지적하였다. 교사는 지금까지 알게 된 내용들을 언급하며 이주할 행성으로서 갖추어야 할 조건에는 어떤 것이 있을지 생각해 보도록 하였고, 칠판에 학생들과 논의한 내용을 다음과 같이 적었다.

- 물이 있는가?
- 산소가 있는가?
- 크기가 지구와 비슷한가?
- 위성이 있는가?
- 태양으로부터 얼마나 멀리 떨어져 있는가?
- 지구와 가까운 곳인가?

★ 교사: 여러분들이 지금까지 탐색해 본 우주의 천체들 중 지금의 과학기술로 이주가 가능한 곳을 선정하여 이주계획을 세워 보도록 합시다.

학생들은 이러한 지식들을 통해 지구에서 이주한다면 달로 가거나 위성이 있는 태양계 행성으로 가는 것이 좋겠다고 생각하였다. 여러 논의 끝에 학생들은 인류가 이주할 수 있는 천체 후보로 달, 화성, 유로파, 타이탄을 선택하게 되었고, 이 중 '화성'이 가장 적절하다고 결론 내렸는데, 그 이유는 다음과 같았다.

- 지구에서 가깝다. 현재의 과학기술로 7개월 정도 걸린다.
- 대기에 이산화탄소, 질소, 미량의 산소와 수증기를 포함한다고 알려져 있다.

• 극지방에는 물과 이산화탄소의 얼음으로 된 극관이 있다.

• 자전축이 기울어져 계절의 변화가 있다.

• 자전주기가 지구와 비슷한 약 24시간 37분이다.

• 공전주기가 약 687일로 지구보다 길다.

• 위성으로는 포보스, 데이모스가 있다.

• 물이 흐른 흔적이 있다.

(4) 해결책 고안 단계(12~13차시)

학생들이 화성으로의 이주를 결정하고 나서 교사는 화성에서 인간이 살아가기
위한 환경을 만들기 위해 필요한 것이 무엇일지 생각해 보도록 하였다. 모둠별로 논
의할 수 있는 시간을 주고 찾아보도록 하였는데, 학생들은 에너지, 물, 주거지, 식
량, 이동수단, 공기(산소), 쓰레기 처리가 필요하다고 하였다.

★ 교사: 지금부터 화성으로의 이주계획을 세워 보도록 하겠습니다. 화성에서 어
떻게 에너지, 공기, 물을 공급할 것인지 계획하고, 거주지를 설계해 보고, 화성
에서의 이동수단, 식량 공급 방법, 쓰레기 처리 방법을 계획해 보도록 합시다.

교사는 '화성으로의 이주계획 세우기'라는 제목과 이주계획에 포함되어야 할 조
건들을 다음과 같이 카드로 만들어 칠판에 붙였다.

• 에너지 공급 방법

• 공기 공급 방법

• 물 공급 방법

• 거주지 설계 방법

• 이동수단

• 식량 공급 방법

• 쓰레기 처리 방법

　모둠 구성은 흥미 있는 주제별로 3~4명의 모둠을 새롭게 만들거나 정해진 모둠별로 주제를 고르도록 하였다. 화성이 어떤 곳인지 고려하여 이주계획을 세울 수 있도록 교사가 모둠을 순회하며 지도하였다. 학생들은 모둠에서 선택한 주제별로 다양한 인터넷 자료와 책 자료를 활용하여 구체적인 내용을 구성하였다. 전지에 내용을 쓰고 필요한 그림이나 사진을 붙이도록 하였는데, 컴퓨터로 내용을 만드는 것보다 학생들 스스로의 생각을 표현하고 그림으로 나타내기에는 종이가 적절하였다. 교사는 학생들이 이주계획을 준비하는 동안 모둠원이 협동하여 자료를 찾고 구상하는 과정을 관찰하여 참여 태도를 평가하였다.

(5) 발표 및 평가 단계(14차시)

　이주계획 준비가 끝나고 학생들은 주제별로 나와서 발표를 하였다. 학생들은 자기들의 이주계획이 어떻게 가능한지에 대해 그림을 그려 가며 과학적으로 자세히 설명했다. 직접 그린 그림이나 참고할 만한 사진은 스크린으로 보여 줄 수 있도록 하였다.

　☆ 학생 1: 지구에서 쓰레기를 매립하거나 소각하는 것이 환경오염이 되어 지구
　　　온난화를 일으켰던 만큼 저희는 화성 대기 밖 우주로 쓰레기를 가져가는 방법
　　　을 생각해 보았습니다.
　☆ 학생 2: 화성 밖으로 쓰레기를 가져가는 데 더 큰 비용이 발생하지 않나요?
　☆ 학생 3: 그것이 우주 쓰레기 문제를 야기시키는 것 아닐까요?

　학생들은 다른 모둠의 발표를 들으면서 화성의 환경에 적절한 이주계획인지, 실제적인 비용 문제나 환경을 오염시키는 방법은 아닌지에 대한 질문과 피드백을 주기도 하였다.

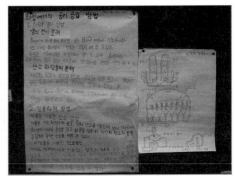

[그림 7-14] 우주 개발에 관한 문제해결책 발표하기

〈표 7-12〉 '우주 개발' 단원에서 학생들이 제시한 해결책의 사례

에너지 공급 방법	태양에너지, 원자력에너지, 지열에너지 등
공기 공급 방법	물의 전기 분해, 식물의 광합성 이용 등
물 공급 방법	화성의 극관에 있을 수 있는 물과 화성의 지각에 있을 수 있는 얼음상태의 물
거주지 설계 방법	화성은 평균기온이 섭씨 영하 80도로 춥고 모래바람이 많이 불기 때문에 낮에 태양열을 충분히 받을 수 있고 모래바람을 막을 수 있는 재료와 모양으로 거주지 구상
이동수단	중력이 지구보다 약하기 때문에 이동차량이 흔들릴 수 있으므로 바퀴가 크고 하늘을 날 수 있는 자동차, 모래바람이 강하기 때문에 강화유리 사용, 1인용 자동차 등
식량 공급 방법	산화철이 대부분인 화성의 토양이지만 식물이 자랄 수 있는 비료를 뿌려 식물 재배, 유전자 재조합을 통해 좁은 면적에서 수확량을 늘릴 수 있는 방법 제시 등
쓰레기 처리 방법	자원 재활용, 우주 밖 쓰레기 소각장 설치 등

발표를 하는 과정에서 학생들은 '동료평가'(〈표 7-13〉 참조)와 '자기평가'를 하게 하였고, 교사도 학생들의 발표를 보며 '태도평가'를 하였다.

〈표 7-13〉 화성으로의 이주계획에 대한 동료평가

친구들의 발표에서 생각해 봐야 할 것	잘했어요	보통이요	부족해요
• 화성의 자연환경을 고려한 방법이라고 생각하나요?			
• 우리가 살아가기에 알맞은 방법이라고 생각하나요?			
• 누구도 생각하지 못할 독특한 아이디어가 있나요?			
• 모둠원 모두가 재미있고 이해하기 쉽게 발표했나요?			

3) 학습평가

발표가 끝나고 소감을 나누는 시간을 가졌는데, 우주 개발은 멀지 않은 우리의 미래 모습이기 때문에 학생들에게 도전적이며 흥미 있는 학습이 되었음을 알 수 있었다. 또한 인간이 살 수 있는 또 다른 천체를 찾아 탐사와 개발을 하는 문제를 통해 학생들에게 지구가 얼마나 축복 받은 천체인지를 깨닫는 계기가 되었다.

내용지식 습득에 대한 평가는 재구성한 교육과정 목표에 근거하여 〈표 7-14〉와 같이 기준을 설정하여 지필평가 방법으로 실시하고, 과정지식(기능)과 태도에 대해서는 천체 관측을 하는 수업 과정에서 수행평가로 실시하였다. 창의적 문제해결력에 대한 평가는 문제해결의 전체 과정을 통해 교사가 수행평가로 실시하였는데, 〈표 7-15〉와 같은 기준을 적용하였다. 또한 학생들의 자기주도적 학습능력, 학생 간 협동기술 능력 등에 대한 평가도 수업 과정에서 실시하였다.

〈표 7-14〉 '우주 개발' 문제에서 지식 습득의 평가

평가요소	평가내용	평가방법
내용지식	• 태양계의 구성, 각 행성들의 종류 및 특성을 열거할 수 있는가? • 별의 특성과 별자리에 대해서 바르게 설명할 수 있는가?	• 지필평가 　-학습지 활용

과정지식 (기능)	• 태양계 행성들의 크기 및 태양으로부터의 거리를 비교 할 수 있는가? • 행성과 별을 관측할 수 있는가? • 과학적 지식과 정보를 근거로 추론, 예상할 수 있는가?	• 수행평가 －관찰(체크리스트) －포트폴리오 (우주책, 발표작품)
태도	• 우주 개발에 관한 필요성을 인식하고 호기심과 탐구심, 흥미를 보이는가?	• 수행평가 －관찰(체크리스트)

〈표 7–15〉 '우주 개발' 문제에서 창의적 문제해결력 평가

평가요소	평가내용	평가방법
문제 발견 및 인식 능력	• 해결해야 할 문제가 '우주 개발 계획 세우기'라는 것을 인식하는가? • 우주 개발을 위해서는 여러 가지 조건을 충족시켜야 함을 인식하는가?	• 지필평가 －학습지 활용 • 수행평가 －관찰(체크리스트)
문제해결 계획 능력	• 우주 개발을 위해 알아야 할 적절한 요소를 다양하게 제시할 수 있는가? • 구체적인 내용과 방법도 제시할 수 있는가?	• 지필평가 －학습지 활용 • 수행평가 －관찰(체크리스트)
문제해결책 고안 및 발표능력	• 탐색했던 지식과 정보들을 활용하여 우주 개발 계획을 창의적이고 적절하게 고안할 수 있는가? • 발표 방법이 적절하고 창의적인가?	• 수행평가 －관찰(체크리스트) －포트폴리오

강인애(1998). 문제중심학습 또 하나의 구성주의적 교수-학습모형. 대구교육대학교 초등교육연구논
    총, 12(1), 153-179.

교육부(2009). 초등학교 교육과정. 서울: 교육부.

교육부(2015). 초등학교 교육과정. 서울: 교육부.

김경자, 김아영, 조석희(1997). 창의적 문제해결능력 신장을 위한 교육과정 개발의 기초: 창의적
    문제해결의 개념모형 탐색. 교육과정연구, 15(2), 129-153.

김경희(2001). 문제중심학습이 아동의 비판적 사고력에 미치는 효과. 부산대학교 교육대학원 석
    사학위논문.

김경희, 조연순(2008). 문제중심학습(PBL)의 수업 단계별 학습활동의 특성과 교육적 의미 탐색-
    초등 과학 수업을 중심으로. 초등교육연구, 21(1), 269-296.

김선자(1998). 구성주의에 의한 초등학교 사회과 수업설계 및 적용: 문제중심학습방법(Problem-
    Based learning)에 의한 사례 연구. 경희대학교 교육대학원 석사학위논문.

김선희, 김언주, 박은희, 심재영(2006). PBL 프로그램이 창의성 및 창의적 문제해결력 향상에 미치
    는 효과. 아동교육, 15(3), 285-297.

김수진, 강현희(2015). 문제중심학습 효과에 영향을 주는 학습자 요인에 관한 연구. Asia-Pacific
    Journal of Multimedia Services Convergent with Art, Humanties, and Sociology, 5(4), 601-612.

김은경, 이동규(2012). 문제중심학습 적용의 보건교육이 초등학생의 건강증진행위에 미치는 효
    과. 한국초등체육학회지, 18(1), 37-45.

김종윤(2006). e-Learning 활용 문제중심 학습이 초등학생의 자기주도적 학습태도와 문제 해결력
    신장에 미치는 효과. 초등교육학연구, 13(2), 329-348.

김향자, 김선희, 김희성, 송수민(2014). PBL(Problem-Based Learning)수업의 학습효과 분석. 열린

부모교육연구, 6(1), 1-20.

남승인, 류성림(2002). 문제해결학습의 원리와 방법. 서울: 형설출판사.

백은주(2008). 문제중심학습 과정에서 나타난 아동의 창의적 · 비판적 사고 유형과 교사의 역할 분석: 초등 과학 수업을 중심으로. 이화여자대학교 대학원 박사학위논문.

서성원, 김의정(2013). 자기주도적 학습능력 향상을 위한 e-PBL 시스템 연구. 한국정보통신학회 논문지, 17(6), 1471-1476.

손미, 하정문(2008). 문제중심학습(PBL)의 학습효과에 대한 메타분석. 교육정보미디어연구, 14(3), 225-251.

송해덕, 신서경(2010). 멀티미디어 기반 문제중심학습 환경에서 스캐폴딩 설계원리 탐색. 열린교육연구, 18(3), 149-164.

신희선(2011). 문제중심학습(PBL)을 적용한 의사소통교육 사례연구. 한국교육논단, 10(3), 137-169.

안혜연(2014). 문제중심학습(Problem-Based Learning)에서 나타난 초등학생의 문제해결력 및 협동능력에 관한 연구. 이화여자대학교 대학원 석사학위논문.

엄태동 편(2001). 존 듀이의 경험과 교육. 서울: 원미사.

오만록(1999). 구성주의에 근거한 문제중심학습(PBL)이 학업성취와 정의적 특성에 미치는 효과. 고려대학교 대학원 박사학위논문.

유승희(2006). Z.P.D 영역에서 Scaffolding을 통한 아동의 지식구성에 관한 연구. 열린교육연구, 14(1), 57-76.

이명자(2013). 초등 인문사회영재를 위한 PBL 프로그램 개발 연구. 이화여자대학교 대학원 석사학위논문.

이원경(2012). 문제중심학습 과정에서 나타나는 학습자의 교과 통합양상의 분석-초등 과학 영재를 대상으로. 이화여자대학교 대학원 석사학위논문.

이지헌(2001). 교육의 철학적 차원. 서울: 교육과학사.

장경원, 고수일(2013). 액션러닝으로 수업하기. 서울: 학지사.

조연순(2001a). 교과를 통한 창의적 문제해결력 교육방법 모색: 문제중심학습. 한국교육, 28(2), 205-227.

조연순(2001b). 창의적, 비판적 사고력과 교과지식의 융합을 위한 교수-학습 모형으로서의 문제중심학습(PBL)고찰. 초등교육연구, 14(3), 295-316.

조연순(2006). 문제중심학습의 이론과 실제-문제로 시작하는 수업-. 서울: 학지사.

조연순, 구성혜, 박지윤, 박혜영(2005). 문제중심학습의 교수학습과정연구: 초등과학 수업에의 적용사례를 중심으로. 초등교육연구, 18(1), 61-87.

조연순, 성진숙, 이혜주(2008). 창의성 교육: 창의적 문제해결력 계발과 교수 방법. 서울: 이화여자대학교 출판부.

조연순, 성진숙, 채제숙, 구성혜(2000a). 창의적 문제해결력 신장을 위한 초등과학교육과정 개발 및 적용. 한국과학교육학회지, 20(2), 307-328.

조연순, 이혜주, 백은주, 임현화(2003). 문제중심학습(PBL)을 위한 문제 개발 절차 연구: 초등과학 교과를 중심으로. 교육과정연구, 21(3), 215-242.

조연순, 채제숙, 백은주, 임현화(2004). 초등학교 수업을 위한 문제중심학습(PBL)의 교수학습 과 정 모형 연구. 교육방법연구, 16(2), 1-28.

조연순, 최경희, 채제숙, 성진숙, 서예원(2000b). 창의적 문제해결력 신장을 위한 초등과학교육 과정 개발연구: 과학의 내용지식, 과정지식, 창의적 사고기능의 융합. 초등교육연구, 13(2), 5-28.

포스코 경영연구소(1998). 지식경영. 서울: 더난출판사.

허경철, 조덕주, 소경희(2001). 지식 생성 교육을 위한 지식의 성격 분석. 교육과정연구, 19(1), 231-250.

홍기칠(2009). 자기주도 학습력 수준에 따른 문제중심학습의 효과. 사고개발, 5(2), 25-48.

Achilles, C. M., & Hoover, S. P. (1996). Exploring problem-based learning(PBL) in Grades 6-12. ERIC No. ED 406 406.

Albanese, M. A., & Mitchell, S. (1993). Problem-based learning: A review of literature on its outcomes and implementation issues. *Academic Medicine, 68*, 52-81.

ASCD (1997). *Problem-based learning.* Alexandria, VA: Association for Supervision and Curriculum.

Aubusson, P., Ewing, R., & Hoban, G. (2012). 액션러닝 (*Action learning in schools*). (엄우용 역). 서울: 아카데미프레스. (원저는 2009년에 출판).

Barrows, H. S. (1986). A taxonomy of problem based learning methods. *Medical Education, 20*, 481-486.

Barrows, H. S. (1992). *The tutorial process.* Springfield, IL: Southern Illinois University School of Medicine.

Barrows, H. S. (1996). Problem-based learning in medicine and beyond: A brief overview. In L. Wilkerson & W. H. Gijselaers (Eds.). *Bringing problem-based higher education: Theory and practice. New directions for teaching and learning No.8* (5-6). San Francisco: Jossey-Bass.

Barrows, H. S. (2000). Foreword. In D. H. Evensen & C. E. Hmelo (Eds.). *Problem-based learning: A research perspective on learning interactions (vii-ix).* Mahwah, N.J.: Lawrence

Erlbaum Associates.

Barrows, H. S., & Myers, A. C. (1993). *Problem-based learning in secondary schools. Unpublished monograph*. Springfield, IL: Problem-based learning institute. Lanphier high school and Southern Illinois university medical school.

Barrows, H. S., & Tamblyn, R. M. (1980). *Problem-based learning: An approach to medical education*. New York: Springer Publishing Company.

Blumenfeld, P. C., Soloway, E., & Marx, R. W. (1991). Motivating project-based learning: Sustaining the doing, supporting the learning. *Educational Psychologist, 26*(3&4), 369-398.

Bruner, J., Goodnow, J. J., & Austin, G. A. (1967). *A study of thinking*. New York: Science Editions.

Csikszentmihalyi, M., & Getzels, J. W. (1971). Discovery-oriented behavior: An attitudinal component of creative productions. *Journal of Personality, 38*, 91-105.

Delisle, R. (1997). *How to use problem-based learning in the classroom*. Alexandria, VA: Association for Supervision and Curriculum. Houston Doctoral Dissertation Abstract(AAG9803567).

Dewey, J. (1902). *The child and the curriculum and the school and society*. Chicago: University of Chicago Press.

Dewey, J. (1938). *Experience and education*. New York: Macmillan.

Diggs, L. L. (1997). *Student attitude toward and achievement in science in problem based learning educational experience*. Thesis Ph. D. University of Missouri Columbia.

Dillon, J. T. (1982). Problem finding and solving. *Journal of Creative Behavior, 16*(2), 97-111.

Eggen, P. D., & Kauchak, D. P. (2001). *Strategies for teachers: Teaching content and thinking skills*. Needham Heights, Massachusetts: Allyn and Bacon.

Eggen, P. D., & Kauchak, D. P. (2006). 교사를 위한 수업전략 (*Strategies and models for teachers: Teaching content and thingking skills*). (임청환, 권성기 공역). 서울: 시그마프레스. (원저는 2005년에 출판).

Ertmer, P. A., & Glazewski, K. D. (2015). Essentials for PBL implementation: Fostering collaboration, transforming roles, and scaffolding learning. In A. Walker, H. Leary, C. E. Hmelo-Silver, & P. A. Ertmer (Eds.), *Essential readings in problem-based learning* (pp. 89-106). IN: Purdue University Press.

Evensen, D. H., & Hmelo, C. E. (2000). *Problem-based learning; A research perspective on learning interactions*. Mahwah, New Jeasey: Lawrence erlbaum associates.

Finkle, S. L., & Torp, L. L. (1995). Introductory documents. (Available from the center for problem-based Learning, Illinois Math and Science Academy, 1500 West Sullivan Road, Aurora, IL 60506-1000).

Fogarty, R. (1997). *Problem-based learning & other curriculum models for the multiple intelligences classroom.* Arlington heights, IL: IRI SkyLight.

Frederikson, N. (1984). Implications of cognitive theory for instruction in problem solving. *Review of Educational Research, 54*(3), 363-407.

Gallagher, S. A., Sher, B. T., Stepien, W. J., & Workman, D. (1995). Implementing problem-based learning in science classrooms. *School Science & Mathematics, 95*(3), 136-146.

Gardner, H. (1983). *Frames of mind: The theory of multiple intelligences.* New York: Basic Books.

Getzels, J. W. (1987). Creativity, intelligence, and problem finding: Retrospect and prospect. In S. G. Isaksen (Ed.), *Frontiers of creativity research-beyond the basics* (pp. 88-102). Buffalo, New York: Bearly Limited.

Guerrera, C. (1995). Testing the effectiveness of problem-based learning through problem generation and problem solving with high school biology students. Thesis. M. A. McGill University, Montreal.

Guilford, J. P. (1959). Creativity. *American Psychologist, 5*, 444-454.

Guilford, J. P. (1967). *The nature of human intelligence.* New York: McGraw-Hill.

Hmelo, C. E., & Lin, X. (2000). Becoming self-directed learners: Strategy development in problem-based learning. In D. H. Evensen & C. E. Hmelo (Eds.), *Problem-based learning: A research perspective on learning interactions* (pp. 227-250). Mahwah, New Jersey: Lawrence Erlbaum Associates.

Hong, N. S. (1998). The relationship between well-structured and ill-structured problem solving in multimedia simulation. Unpublished doctoral dissertation. Pennsylvania State University Press, Pennsylvania.

Hung, W. (2006). The 3C3R model: A conceptual framework for designing problems in PBL. *Interdisciplinary Journal of Problem-based Learning, 1*(1), 6.

IMSA (2001). What is the relationship between problem-based learning and other instructional approaches? [Online]. http://www.imsa.edu/team/cpbl/whatis/design/slide34.html.

Jay, E. S., & Perkins, D. N. (1997). Problem finding: The research for mechanism. In M. A. Runco (Ed.), *The creativity research handbook volume one* (pp. 257-293). Cresskill, New Jersey: Hampton Press.

Johnson, D. W., & Johnson, R. T. (1986). Mainstreaming and cooperative learning strategies.

Exceptional Children, 52, 553-561.

Jonassen, D. H. (1997). Instructional design models for well-structured and ill-structured problem solving learning outcomes. *Educational Technology Research Development, 45*(1), 65-94.

Jonassen, D. H., & Hung, W. (2008). All problems are not equal: Implications for problem-based learning. *Interdisciplinary Journal of Problem-Based Learning, 2*(2), 6-28.

Joyce, B., Weil, M., & Calhoun, E. (2011). *Models of teaching* (8th ed.). MA: Pearson Education.

Katz, L. G., & Chard, S. C. (1993). *Engaging children's minds: The project approach*. Norwood, NJ; Ablex Publishing Corporation.

Kilpatrick, W. H. (1918). *The project method*. Teachers Colleage, Columbia University.

Krajcik, J., Blumenfeld, P. C., Marx, R. W., & Soloway, E. (1994). A collaborative model for helping middle grade science teachers learn project-based instruction. *The Elementary School Journal, 94*(5), 483-497.

Lambros, A. (2002). *Problem-based learning in K-8 classrooms*. Thousand Oaks, CA: Corwin press.

Levin, B. B. (2001). *Energizing teacher education and professional development with problem-based learning*. Alexandria, VA: Association for Supervision and Curriculum Development.

Levin, B. B., Dean, C. D., & Pierce, J. W. (2001). Frequently asked questions about problem-based learning. In B. B. Levin (Ed). *Energizing teacher education and professional development with problem-based learning* (pp. 121-132). Alexandria, VA: Association for Supervisor and Curriculum.

Lipman, M. (1991). *Thinking in education*. New York: Cambridge University Press.

Lou, S. J., Shih, R. C., Diez, C. R., & Tseng, K. H. (2011). The impact of problem-based learning strategies on STEM knowledge integration and attitudes: an exploratory study among female Taiwanese senior high school students. *Int J Technol Des Educ, 21*, 195-215.

Lubart, T. I. (1994). Creativity. In R. J. Sternberg (Ed.), *Thinking and problem solving* (pp. 290-333). New York: Academic Press.

Major, C. H., Savin-Baden, M., & Mackinnon, M. (2000). Issues in problem-based learning: A message from the guest editors. *Journal on Excellence in College Teaching, 11*(2), 1-10.

Matthews, M. R. (1994). *Science teaching: The role of history and philosophy of science*. New York: Routledge.

McNeil, J. (1995). *Curriculum: The teacher's initiative*. New Jersey: Prentice-Hall.

Mumford, M. D., & Gustafson, S. B. (1988). Creativity syndrome: Integration, application, and Innovation. *Psychological Bulletin, 103*(10), 27-43.

Mumford, M. D., Mobley, M. I., Uhlman, C. E., Reiter-Palmon, R., & Doares, L. M. (1991). Process analytic models of creative capacities. *Creativity Research Journal, 4*(2), 91-122.

Nickerson, R. S. (1999). Enhancing creativity. In R. Sternberg (Ed.), *Handbook of creativity* (pp. 392-430). Cambridge: Cambridge University Press.

Norman, G. R., & Schmidt, H. G. (1992). The psychological basis of problem-based learning: A review of the evidence. *Academic Medicine, 67*(9), 557-565.

Nowak, J. A. (2001). *The implications and outcomes of using problem-based learning to teach middle school science.* Doctorial dissertation. Indiana University.

Penuel, W. R. (1999). Observing classroom processes in project-based learning using multimedia: A tool for evaluators. *The Secretary's Conference on Educational Technology-1999.* Washington, D.C.

Piaget, J. (1973). *Memory and intelligence.* New York: Basic Books.

Piaget, J., & Inhelder, B. (1969). *The psychology of the child.* New York: Basic Books.

Piaget, J., & Inhelder, B. (1973). *Memory and intelligence.* New York: Basic Books.

Sage, S. M. (1996). A qualitative examination of problem-based learning at the K-8 level: Preliminary findings. *ERIC No.* ED 398 263.

Sage, S. M. (2003). Designing Problems for K-12 Education. Presented at the Problem-Based Learning Symposium. Illinois Math and Science Academy, IL.

Savery, J., & Duffy, T. (1995). Problem-based learning: An instructional model and its constructivist framework. *Educational Technology, 35*(5), 31-38.

Savin-Baden, M. (2000). Facilitating problem-based learning: The impact of tutors' pedagogical stances. *Journal on Excellence in College Teaching, 11*(2), 97-111.

Savoie, J. M. (1995). Problem based learning in social studies: Results of a field trial with adolescents. Doctorial dissertation. The University of New Brunswick.

Schmidt, H. G. (1993). Foundations of problem-based learning: Some explanatory notes. *Medical Education, 27,* 422-432.

Shaftel, F., & Shaftel, G. (1967). *Role playing of social values: Decision making in the social studies.* Englewood Cliffs, NJ: Prentice-Hall.

Simon, H. A. (1973). The structure of ill structured problems. *Artificial Intelligence, 4,* 181-201.

Simsons, P. (1993). Constructive learning: The role of the learner. In T. M. Duffy, J. Lowyck, & D. H. Jonassen, (Eds.), *Designing environments for constructive learning* (NATO/ASI series, Vol. F105). Berlin: Springer-Verlag.

Slavin, R. E. (1983). *Cooperative learning*. New York: Longman.

Sockalingam, N., & Schmidt, H. G. (2011). Charateristics of problems for problem-based learning: The students' perspective. *Interdisciplinary Journal of Problem-Based Learning*, 5(1), 6-33.

Stepien, W. J. (2002). *Problem-Based Learning with the Internet*. USA. Zephyr Press.

Sternberg, R. J. (1982). Reasoning, problem-solving and intelligence. In R. J. Sternberg (Ed.), *Handbook of human intelligence* (pp. 90-133). Cambridge: Cambridge University Press.

Strobel, J., & van Barneveld, V. (2015). PBL effectivess, tensions, and practitioner implications. In A. Walker, H. Leary, C. E. Hmelo-Silver, & P. A. Ertmer (Eds.), *Essential readings in problem-based learning* (pp. 355-371). IN: Purdue University Press.

Taba, H., Durkin, M. C., Fraenkel, J. R., & McNaughton, A. H. (1971). *A teacher's handbook to elementary social studies: An inductive approach*. Washington, DC: Addison-Wesley Publishing Company.

Thelen, H. (1960). *Education and the human quest*. New York: Harper & Row.

Torp, L., & Sage, S. (2002). *Problems as possibilities: Problem-based learning for K-16 education* (2nd Ed.). Alexandria, Virginia; Association for Supervision and Curriculum Development(ASCD).

Torrance, E. P. (1962). *Guiding creative talent*. Englewood Cliffs, NJ: Prentice-Hall.

Vygotsky, L. S. (1962). *Thought and language*. Cambridge, MA: MIT Press.

Vygotsky, L. S. (1978). *Mind in society*. Cambridge, MA: Harvard University Press.

Xian, H., & Madhavan, K. (2015). A Scientometric, Large-Scale Data, and Visualization-Based Analysis of the PBL Literature. In A. Walker, H. Leary, C. E. Hmelo-Silver, & P. A. Ertmer (Eds.), *Essential readings in problem-based learning* (pp. 281-302). IN: Purdue University Press.

경기일보(2016. 10. 12.). 수원마을축제.

이데일리(2016. 10. 17.). 러 이어 中까지 ⋯ 세계는 지금 '우주전쟁'

조선일보(2016. 9. 22.). [사설] 국민생명과 원전 달려 있는 단층 조사 미적대지 말라.

찾아보기

인명

내용

❖ 저자 소개 ❖

조연순(Cho, Younsoon)

이화여자대학교 사범대학 교육공학 학사
미국 플로리다 주립대학교 교육학 석사
미국 플로리다 주립대학교 초등교육 박사
이화여자대학교 사범대학 초등교육과 교수 역임
현 이화여자대학교 사범대학 초등교육과 명예교수

주요 저서

한국 초등교육의 기원(학지사, 1995)
창의성 교육(이화여자대학교 출판부, 2008)(2009 문화체육관광부 선정 우수학술도서)

E-mail: choyoun@ewha.ac.kr

이명자(Lee, Myeongja)

춘천교육대학교 초등교육 학사
이화여자대학교 교육학 석사
현 서울 충암초등학교 교감
　　서울시 교육 연수원 1정 자격연수 PBL 강사

주요 저서 및 논문

바디맵으로 술술 초등 논술영재 되기(연두세상, 2013)
페이스맵으로 술술 초등 토론영재 되기(연두세상, 2016)
초등인문사회영재를 위한 PBL프로그램 개발 연구(2013, 이화여자대학교 대학원 석사학위논문)

블로그: 맹자샘의 배움나눔터(http://blog.naver.com/lmajo2000)
E-mail: lmajo2000@naver.com

문제중심학습의 이론과 실제(2판)
-문제개발부터 수업적용까지-

Theory & Practice of PBL (2nd ed.)
-From Problem Development to Classroom Application-

2006년 3월 15일 1판 1쇄 발행
2010년 2월 15일 1판 5쇄 발행
2017년 9월 15일 2판 1쇄 발행

지은이 • 조연순 · 이명자
펴낸이 • 김진환
펴낸곳 • (주)**학지사**
　　　　04031 서울특별시 마포구 양화로 15길 20 마인드월드빌딩
대표전화 • 02-330-5114　　팩스 • 02-324-2345
등록번호 • 제313-2006-000265호

홈페이지 • http://www.hakjisa.co.kr
페이스북 • https://www.facebook.com/hakjisa

ISBN 978-89-997-1356-9　93370

정가 16,000원

이 도서의 국립중앙도서관 출판시도서목록(CIP)은 서지정보유통지
원시스템 홈페이지(http://seoji.nl.go.kr)와 국가자료공동목록시스템
(http://www.nl.go.kr/kolisnet)에서 이용하실 수 있습니다.
(CIP 제어번호: CIP2017021471)

•·········· 교육문화출판미디어그룹 **학지사** ··········•

심리검사연구소 **인싸이트** www.inpsyt.co.kr
원격교육연수원 **카운피아** www.counpia.com
학술논문서비스 **뉴논문** www.newnonmun.com